„Pingelanton"

Freie Fahrt und blanker Stahl:
Schienen, die ins Weite wollen.
Und so geht es, Mal für Mal:
zischen, tuckern, rattern, rollen ...

Bremsen hier und bremsen da,
halten und die Gäste wechseln,
und mit rata tatata
neue Kilometer drechseln ...

Piepe schmauchen (ohne Kraut)
und mal wie ein Lausbub pfeifen,
ohne Dank'schön Pit und Braut
durch die schöne Gegend schleifen.

Und zu allem Kummer noch
sich mit tausend Frachten placken.
Nein, die Arbeit hat kein Loch,
und voll Schwielen sitzt mein Nacken.

Aber laßt man, guter Brauch
ist das Leiden ohne Klagen.
Ran, „Elias", wenn sie auch
„Pingelanton" zu dir sagen!

0   Meister Hubrich auf der Motordraisine

Lothar Riedel

Die Hümmlinger Kreisbahn

Die Verkehrsgeschichte der schmalspurigen Kleinbahn
Lathen - Sögel - Werlte

CIP-Kurztitelaufnahme der Deutschen Bibliothek

Riedel, Lothar
Die Hümmlinger Kreisbahn : d. Verkehrsgeschichte
d. schmalspurigen Kleinbahn Lathen - Sögel -
Werlte / Lothar Riedel. - Krefeld : Röhr, Verl.
für Spezielle Verkehrsliteratur, 1982.

ISBN 3-88490-138-9

Alle Rechte vorbehalten

Copyright by
Röhr-Verlag für
Spezielle Verkehrsliteratur
Brandenburger Str. 10
D-4150 Krefeld 12

Prindet in Germany

Bildnachweis:

Biedenkopf	40
Hesselink	38, 41, 73
Krafft:	32
Kreisbildstelle Papenburg:	36
Overbosch	6, 15, 16, 51, 67, 72, 87, 90
Riedel (Smg).	0, 2, 11, 12, 19, 22, 30, 31, 37, 43-46, 48, 49, 65, 74, 76, 77, 80, 93, 97
Schürmann	35, 42, 47, 52, 57-59
Sievers	8, 64, 66, 79
Todt	7, 13, 20, 21, 39, 69, 70, 86, 91, 92
Wessels	78
Wingchen	Titel, 1, 3, 4, 5, 9, 10, 33, 34, 53-56, 62, 63, 83, 84, 83, 84, 94, 95, 96
Wolff	60, 61, 71

Inhaltsverzeichnis

Zur Einführung	
Einleitung	6
Geschichtliche Entwicklung	6
Wirtschaftliche Entwicklung	29
Umbaupläne und Erweiterungen	36
Betriebsmittel	51
Betriebsanlagen	73
Betriebsführung	77
Verkehrsleistung	78
... und zum Schluß	81
Nachwort	82
Quellennachweis	82

Zur Einführung

Vor über 80 Jahren, am 13.8.1898, eröffnete die Hümmlinger Kreisbahn den schmalspurigen Bahnbetrieb von Lathen/Ems über Sögel nach Werlte. Nach fast 60jährigem Bestehen wurden die Gleise der Kleinbahn in Normalspur umgespurt. Die Kleinbahn ist über die Grenzen des Hümmlings, des nordwestlichen Teils Niedersachsens hinaus, kaum bekannt geworden. Sie verband keine verkehrsreichen Orte, trug aber wesentlich dazu bei, ein um die Jahrhundertwende noch nicht voll kultiviertes Gebiet mit großen Heideflächen der Landwirtschaft zu erschließen. Die Bahn versorgte die Landwirtschaft mit dem notwendigen Kunstdünger und führte die erwirtschafteten Produkte den Märkten zu. Natürlich eröffnete sie auch der Hümmlinger Bevölkerung den Zugang zur „weiten Welt".

In all den Jahren des Bestehens der schmalspurigen Bahn ist über den „Pingel-Anton" oft berichtet worden, so in Zeitungen, Heimatbüchern und Fachbüchern für Eisenbahnfreunde; trotzdem sind diese Aufzeichnungen nicht vollständig. So kann auch ich nur über Geschehnisse berichten, die mir nach vielen Recherchen bekannt wurden.

Die älteren Leser haben den „Pingel-Anton" sicher noch in guter Erinnerung. Die Zeit der Romantik und der Beschaulichkeit ist vorbei, denn seit über 25 Jahren wird das Leben von Wirtschaftlichkeit und Fortschritt geprägt. Dadurch verlor nicht nur die Hümmlinger Kreisbahn ihre Daseinsberechtigung, auch viele andere Kleinbahnen wurden eingestellt oder durch moderne Transportmittel ersetzt. Heute rauscht der „große Bruder" vorbei und wird nicht mehr so stark beachtet.

Danken möchte ich all denjenigen, die mir Informationen gegeben oder Unterlagen und Bilder zur Auswertung überlassen haben. Namentlich möchte ich hier besonders Herrn Dipl.-Ing. G. Wolff danken, der mir in uneigennütziger Weise Unterlagenmaterial und Bilder zur Verfügung gestellt hat; dies gilt auch für die Kleinbahnfreunde in den Niederlanden (Herren O. Verbosch und Hesselink) sowie für die Herren Biedenkopf, Sievers, Todt und Krafft. Auch dem Betriebsleiter der Hümmlinger Kreisbahn, Herrn Kimmann nebst Mitarbeitern, möchte ich danken, daß sie mir die Möglichkeiten gegeben haben, in alten Aktenunterlagen zu blättern.

Diese kleine Dokumentation soll dazu beitragen, dem „Pingel-Anton" seinen ihm gebührenden Platz im Bewußtsein einer breiteren Öffentlichkeit - nicht nur im Hümmling - zu sichern. Eine Aufzeichnung über den „großen Bruder" ist einem späteren Zeitpunkt vorbehalten.

Mülheim a.d.R., Juli 1982

Lothar Riedel

1   Bahnhofsgebäude Werlte

Einleitung

Nachdem die erste Eisenbahn in Deutschland am 7. Dezember 1835 von Nürnberg nach Fürth fuhr, wurde in der Mitte des 19. Jahrhunderts auch in anderen Regionen mit dem Ausbau von Eisenbahnen begonnen. Es war kein zusammenhängendes Netz, sondern Bau und Betrieb ist von Kapitalgesellschaften oder Einzelstaaten vorgenommen worden; die Einzelstaaten bildeten damals in ihrer Gesamtheit den „Deutschen Bund".

Das Königreich Hannover übernahm selbst den Ausbau und Betrieb des Eisenbahnverkehrs. Es war natürlich, daß zunächst Bahnen von Hannover in Richtung Braunschweig oder Celle, Hildesheim und Bremen gebaut wurden. Erst in der 2. Hälfte des 19. Jahrhunderts begann die Königlich Hannoversche Eisenbahnverwaltung mit dem Ausbau von Strecken im nordwestlichen Teil des Königreichs. Hier wurde im Jahre 1854 die Strecke Emden - Papenburg und im Jahre 1856 die Strecke Papenburg - Lingen - Rheine - Osnabrück eröffnet.

Auch die anderen Staaten, besonders Preußen, bauten ihr Eisenbahnnetz ständig weiter aus. Zwischen den Königreichen Hannover und Preußen wurde am 7.4.1866 ein Staatsvertrag mit dem Inhalt abgeschlossen, daß beide Staaten Eisenbahnnormen, Zuggeschwindigkeiten und Tariffragen regelten und auch Streckenführungen festlegten. Aber schon ein paar Monate später fiel das Hannoversche Staatsgebiet dem Königreich Preußen zu.

Wie sah es im Großherzogtum Oldenburg, dem Nachbarstaat Niedersachsens, aus? Im Jahre 1867 wurden aus militärstrategischen Gründen die Strecken Bremen - Oldenburg und Oldenburg - Wilhelmshaven eröffnet. Erst im Jahre 1869 baute man die Strecke Oldenburg - Leer aus; das Streckennetz wurde viel später erweitert. Um die Jahrhundertwende verlief neben der Entwicklung der Staatsbahnen auch der Bau von Kleinbahnen in Normal- und Schmalspur kontinuierlich weiter. Begünstigt wurde diese Entwicklung durch gesetzliche Bestimmungen, hier durch das Kleinbahngesetz vom 28.7.1892, und es entstanden Kleinbahnen, die vom Staat, den Kreisen und Gemeinden, aber auch von Kapitalgesellschaften gebaut und betrieben wurden. Man vertrat damals die Ansicht, daß der Bau von Schmalspurbahnen erhebliche Vorteile mit sich bringen würde. Im Vordergrund standen die einfache Bauweise der Betriebsmittel, die volle Ausnutzung der wirtschaftlichen Eigenheit und die leichte Verlegung der Strecke auch im schwierigen Gelände. Es sollten - u.a. auch durch Schaffung von Stich- und Verbindungsbahnen - die abgelegenen Orte und Gebiete am Aufschwung der Volkswirtschaft teilnehmen.

Eine dieser schmalspurigen Kleinbahnen war die im Jahre 1898 gebaute Hümmlinger Kreisbahn, deren geschichtliche Entwicklung hier aufgezeigt werden soll.

Geschichtliche Entwicklung

Um die Jahrhundertwende umfaßte der Altkreis Hümmling ein Gebiet von rd. 800 qkm mit einer Bevölkerung von rd. 15.600 Menschen und der durch die Kreise Aschendorf, Leer, Meppen sowie durch das Old. Amt Cloppenburg begrenzt war. Das Amt Hümmling bestand von 1828 - 1885. Vor dem Jahr 1828 war die für das Amtsgebiet zuständige Unterbehörde der Kr. Meppen, nach 1885 das Landesamt Hümmling bzw. ab 1.10.1932 der Kr. Aschendorf.

Die Bevölkerung bestand hauptsächlich aus Bauern und Landwirten. Die Erträge aus der Landwirtschaft waren wegen der ungünstigen und sandigen Bodenarten nur gering. Ausgedehnte Flächen bedeckte Heide, aus den Kiefernwaldungen wurde Buschholz und Grubenholz gewonnen, Industrie war nicht vorhanden. Gegen Mitte des vorigen Jahrhunderts nahm auch die Landwirtschaft am Aufschwung der deutschen Volkswirtschaft teil. Durch neue Erkenntnisse über den Fruchtwechsel und die künstliche Düngung gewann sie erhöhte Bedeutung. Es bildeten sich überall landwirtschaftliche Vereinigungen, in denen die neuen Methoden diskutiert und ihre Anwendung empfohlen wurden. Das Interesse der Landwirte und Bauern im Hümmling war ebenfalls groß, denn die weiten Heideflächen eigneten sich dann für eine landwirtschaftliche Kultur, wenn künstliche Düngemittel in genügender Menge billig herangeschafft wurden.

Man forderte zunächst den weiteren Ausbau des Straßennetzes. Jedoch wurde das Bedürfnis, auch an das Eisenbahnnetz angeschlossen zu werden, von der Bevölkerung immer dringender empfunden und an Versuchen hat es nicht gefehlt, um eine dem Kr. Hümmling von Westen nach Osten durchziehende normalspurige Haupt- oder Nebenbahn zu erhalten. Man suchte Verbindungen mit den schon bestehenden Bahnhöfen in Lathen, Löningen und Cloppenburg. Die dem Hauptort Sögel nächstliegende Bahnstation war Lathen. Die Bestrebungen konnten keinen Erfolg haben, denn die Anlage einer Hauptbahn wäre nicht rentabel und existenzfähig gewesen. Im Hümmling und im benachbarten Oldenburg entstanden Pläne über eine Bahnlinie von Lathen nach Cloppenburg; es kam aber zu keiner Verständigung. Ausführlich wurde in einem Artikel der Haselünner Zeitung vom 23.3.1895 über „Hümmlinger Bahnprojekte" berichtet und im einzelnen folgende Überlegungen erwogen:

„In unserem Nachbarkreis Hümmling ist man schon längere Zeit eifrig interessiert für den Bau einer Eisenbahn, und manche Notiz in den Zeitungen gibt Kunde von den verschiedensten Projekten. Wir können diese Bestrebungen, sich dem Eisenbahnnetz anzuschließen, als ebenso berechtigt wie natürlich nur billigen. Die Verkehrsverhältnisse dort im Hümmling sind besonders ungünstig. Einerseits sind große Entfernungen zu überwinden, andererseits ist die

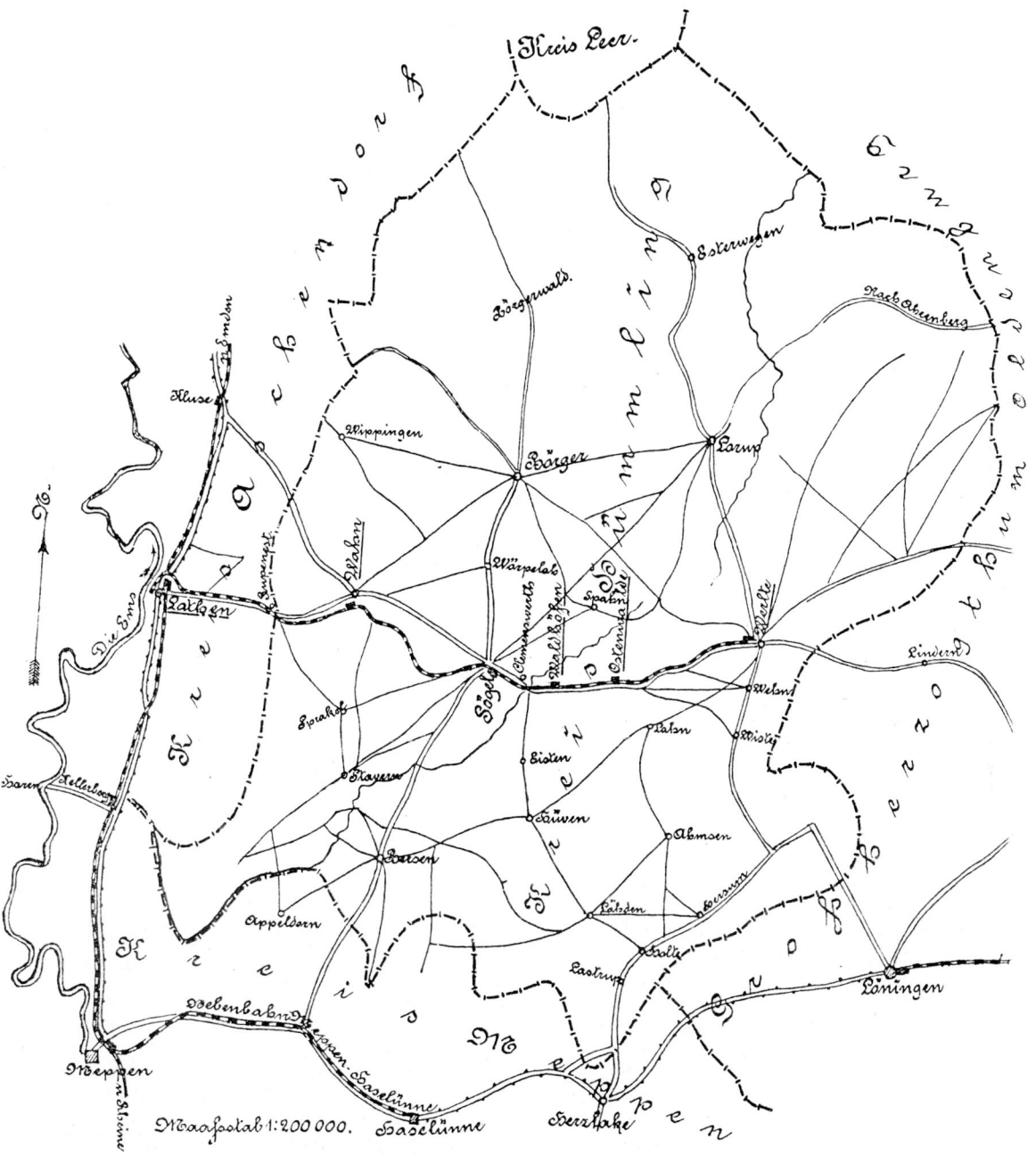

2 Karte der Kleinbahn Lathen - Werlte und Umgebung

3   Die Fahrkartenausgabe in Werlte

Leistungsfähigkeit für Verkehrsstraßen infolge der kleinen Bevölkerungsziffer eine nicht sehr große. Industrie hat sich bis dahin nicht entwickeln können und die Bevölkerung ist fast ausschließlich auf den Betrieb der Landwirtschaft angewiesen.

Soll ein solcher Bezirk aus seiner Vereinsamung durch eine Eisenbahn herausgerissen werden und ist eine solche Anlage, wie das hier der Fall ist, seitens des Staates nicht zu erhoffen, so bleibt nur die Selbsthilfe übrig und ist der Kreis dann allein in der Lage, die Sache in die Hand zu nehmen und zum gedeihlichen Resultat zu führen.

Ein solches kreisseitiges Unternehmen hätte aber auch wesentlich die finanzielle Seite sowohl in bezug auf die Anlage, als auch auf den Betrieb und die Verzinsung ins Auge zu fassen und zu prüfen.

Unserer Meinung nach kann nach Erwägung der dortigen Verhältnisse die Parole nur lauten: eine möglichst kurze Strecke, die den ganzen Verkehr aufnehmen kann, zu wählen, solche mit Benutzung aller sich irgendwie bietenden Vorteile billigst auszubauen und billigst zu betreiben. Nur dann läßt sich eine Rentabilität erwarten, nur dann kann die Bahnanlage dem Kreis Hümmling zum Vorteil gereichen.

Anlage und Betriebskosten bei solchen Unternehmungen sind zu groß, als daß man damit spielen darf - die Rentabilitätsfrage muß grundsätzlich erwogen werden.

Hätte nicht Haselünne eine bedeutende Industrie, die tagtäglich eine größere Anzahl Doppelladungen verbraucht, sowie einen großen Güterversand - (die Firma J.B. Berentzen allein empfängt resp. versendet täglich 2 - 3 Doppelladungen) - so wäre nicht daran zu denken, die Betriebskosten, die sich auf 30.000,- Mark für das Jahr berechnen, zu decken, geschweige denn eine Verzinsung des Anlagekapitals von 470.000,- Mark zu erreichen. Auf dem Hümmling sind ähnliche Verhältnisse zu keiner Stelle vorhanden, und es kann das hier gegebene Beispiel, so anregend es auf den Nachbarkreis gewirkt haben mag, dort nicht ohne weiteres nachgeahmt werden.

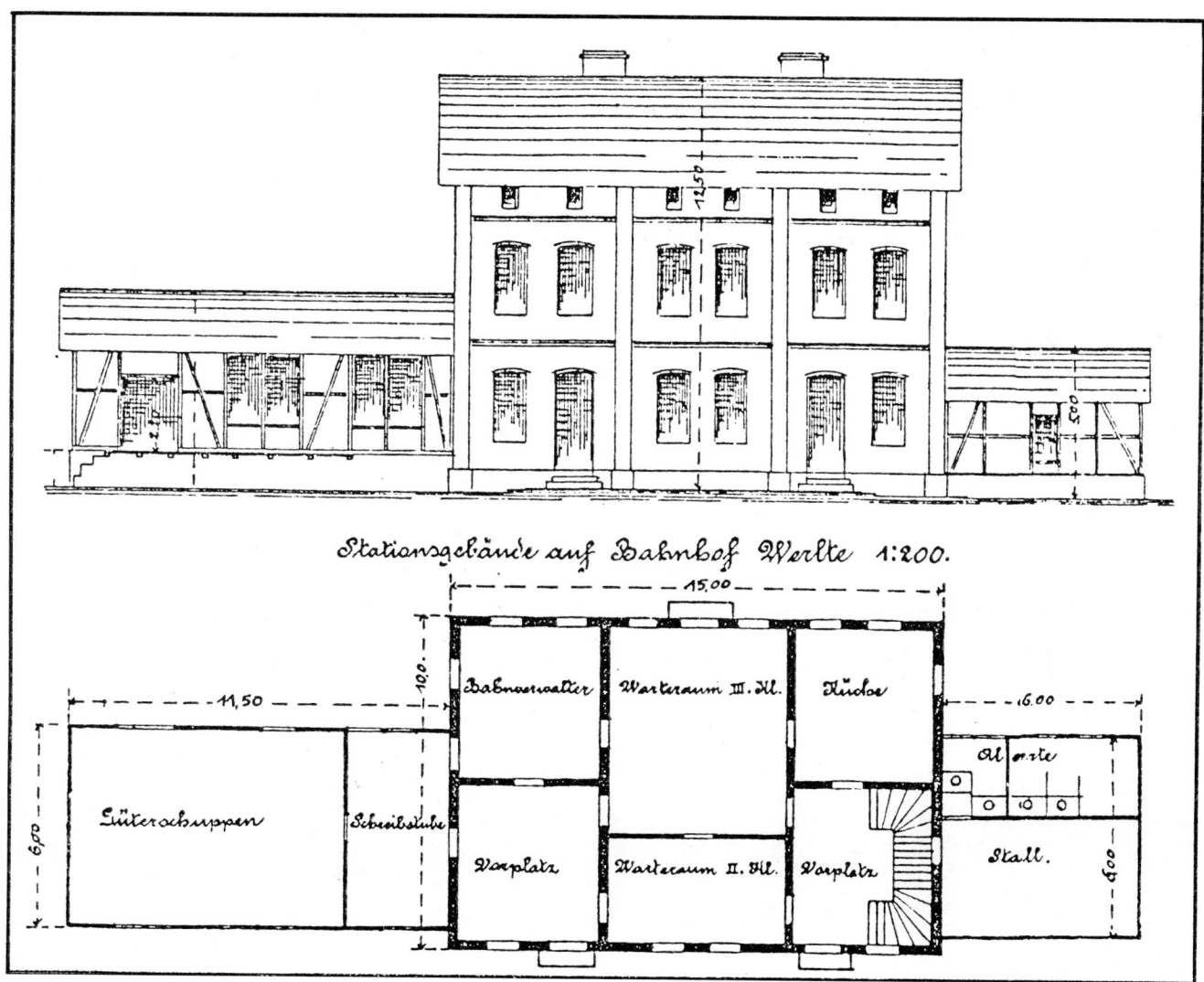

4, 5 Stationsgebäude Werlte

6   Lok „Hümmling" mit G-Wagen in Ostenwalde

7   GmP abfahrbereit in Lathen

Die Nachrichten, welche in neuerer Zeit verschiedentlich auftauchen, lassen befürchten, daß bei unseren Nachbarn die Pläne einen zu großartigen Charakter annehmen, wo doch nur durch Beschränkung auf das notwendige Maß etwas Ersprießliches geschaffen werden kann. Wir lasen von einer Bahn Papenburg - Börger - Lorup - Werlte - Löningen von wenigstens 50 km Länge. Wo soll denn für eine solche ein genügender Personen- und Güterverkehr herkommen? Überhaupt muß man von dem Gedanken einer großen, den durchgehenden Verkehr ins Auge fassenden Eisenbahn von vornherein Abstand genommen werden. Es handelt sich nur um Befriedigung lokaler Bedürfnisse und um Stichbahnen, auf welche der ganze Verkehr einer Gegend konzentriert werden kann. Wird derselbe nach zwei Seiten hin geleitet, so wird der Trank, der ohnehin nicht kräftig ist, zu dünn.

Von den mit der Papenburger Linie verbundenen Schwierigkeiten wollen wir nicht weiter reden, dieselben stehen nicht annähernd im Verhältnis zu dem zu erwartenden Verkehr. Der Mann, der die Bahn von Sögel nach Kellerberg bauen will, vergißt dabei ganz und gar, daß diese Bahn den Krupp'schen Schießplatz durchqueren und dadurch letzteren unmöglich machen würde; er müßte also die Entschädigung für dessen Verlegung übernehmen.

Daneben kommen Linien, die von Lathen ausgehen, Wahn, Werpeloh, Börger, Lorup und Werlte, auch Sögel (wenigstens in einiger Entfernung) berühren und so ziemlich im Zickzack über dem Hümmling führen sollen, aber alle daran leiden, daß sie zu ausgedehnt sind und ihnen zu große Terrainschwierigkeiten entgegenstehen. Alle bedeutenderen Orte auf dem Hümmling unmittelbar heranzuziehen, ist einfach unmöglich. Wir meinen, die einzig richtige, von der Natur gegebene und stets als die wichtigste Straße für den Hümmling anerkannte Linie ist diejenige von Lathen über Sögel nach Werlte. Sie durchschneidet ziemlich die Mitte des Bezirks und ist von allen Seiten leicht erreichbar. Eine Bahn auf dieser Linie kann den gesamten Verkehr des Hümmlings aufnehmen und nach einer Seite abführen. Sie ist die kürzeste und billig zu bauen. Wir denken uns, daß als Bahndamm im allgemeinen die Landstraße benutzt werden könnte, nur müßte die Bahn, da sie Wahn wegen der Terrainverhältnisse nicht unmittelbar berühren kann, hinter Rupenest abzweigen und hier dem alten Sögeler Weg nachgehen, bei Sögel um den Ludmillenhof herum am Südende vorbei direkt auf Waldhöfe und dann auf der Landstraße weiter nach Werlte geführt werden.

Nach den bisherigen Verhältnissen wäre diese Linie die gegebene. Nun fragt es sich aber, ob nicht bei der Wahl der Linie auch die neue Bahn Meppen - Haselünne mit der Station Schleper in Berücksichtigung zu ziehen sei. Die Linie Werlte - Sögel - Lathen beträgt 25 Kilometer, während die Linie Werlte - Sögel - Berßen - Schleper, welche von Waldhöfen direkt auf das Bocksfeld am Südende von Sögel vorbei auf die Landstraße von Sögel nach Dörgen übergehen müßte, 27 Kilometer, also um 2 Kilometer mehr betragen würde. Faßt man aber den Verkehr nach Süden ins Auge, der

8   Lokomotiven „Sögel" und „Lathen" im Bw Werlte am 11.8.1952

9 Bahnhof Werlte

10 Triebwagenhalle und Garage in Werlte vom Balkon des Betriebsleiters Brun aus gesehen.

doch der ganz überwiegende ist, und nimmt Meppen als Punkt, wo die Linie über Lathen und die über Schleper zusammentreffen, so hat der Weg von Werlte über Sögel und Lathen nach Meppen eine Länge von 44 Kilometer, während die Linie Werlte - Sögel - Berßen - Schleper - Meppen nur 36 Kilometer umfaßt. Der Unterschied beträgt 8 Kilometer. Erwägt man nun, daß fast die gesamte Aus- und Einfuhr des Hümmling nach Süden geht, beziehungsweise von Süden kommt, nämlich einerseits Buchweizen, Honig, Wolle, Schweine, fette Kälber, Eier, Butter, besonders auch Holz, andererseits namentlich künstliche Düngemittel, Kohlen und Stückgüter aller Art, so fällt diese Differenz zu Gunsten des Anschlusses an die Meppen - Haselünner Bahn schwer ins Gewicht. Dazu kommt, daß der Anschluß in Schleper ohne alle Weiterungen und Lasten zu erreichen wäre, während derjenige in Lathen erhebliche Aufwendungen veranlassen würde. Der Anschluß der Meppen - Haselünner Eisenbahn an den Staatsbahnhof Meppen ist auf 43.000,- Mark veranschlagt, welche bedeutende Summe noch überschritten wird. Die holländische Eisenbahn Salzbergen - Amelo hat für den Anschluß der Bentheimer Eisenbahn 120.000,- Mark gefordert, während ihr 65.000,- Mark geboten sind. Diese Angaben mögen dartun, daß die Sache nicht leicht und nicht ohne größere Kosten abgeht. Auf dem Schleper fielen dagegen alle besonderen Kosten fort, nur einige Geleisanlagen müßten hergestellt werden. Für den Anschluß an Schleper spricht ferner der Umstand, daß auf der Strecke Meppen - Haselünne die vorhandenen Betriebsmittel nicht ganz ausgenutzt werden, sowie das Personal nicht völlige Beschäftigung findet, ebenso, daß die Tätigkeit der Betriebsverwaltung ohne nennenswerte Mehrkosten auf die Verwaltung der Hümmlinger Bahn ausgedehnt werden

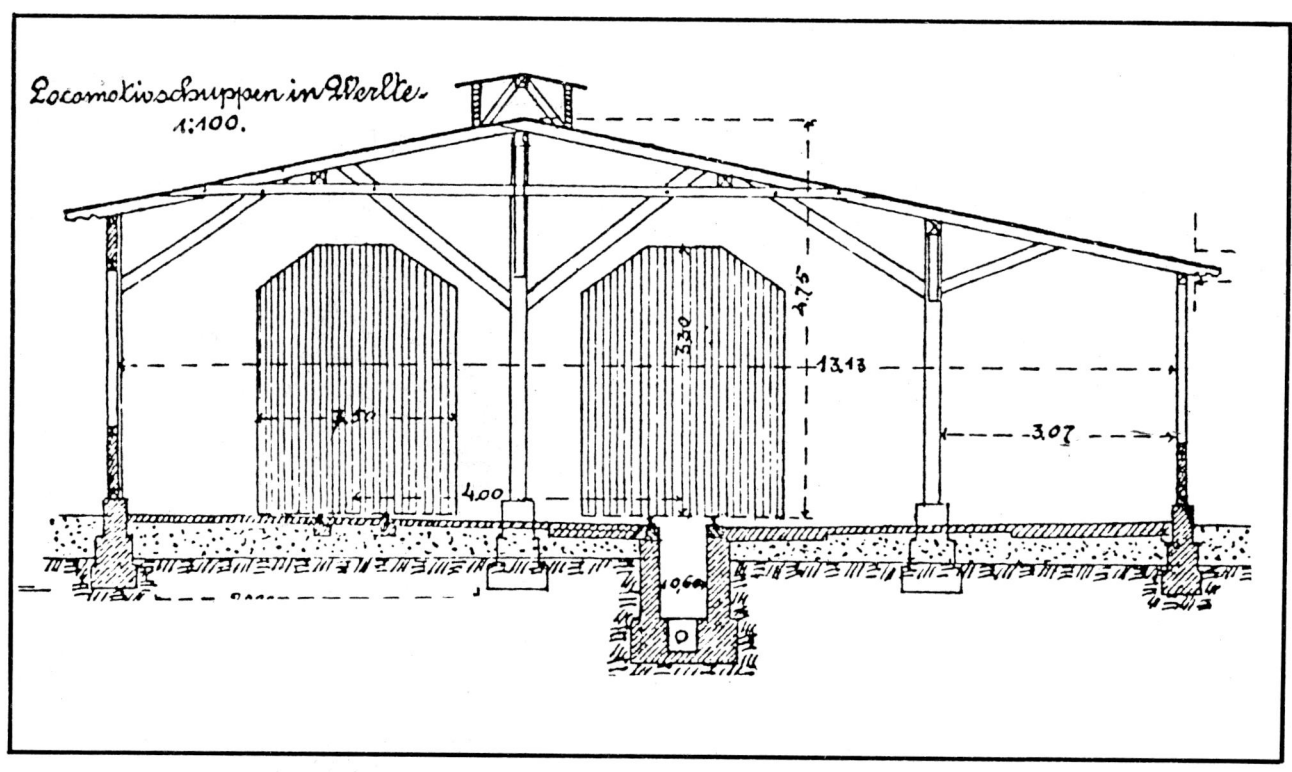

11 Lokomotivschuppen in Werlte

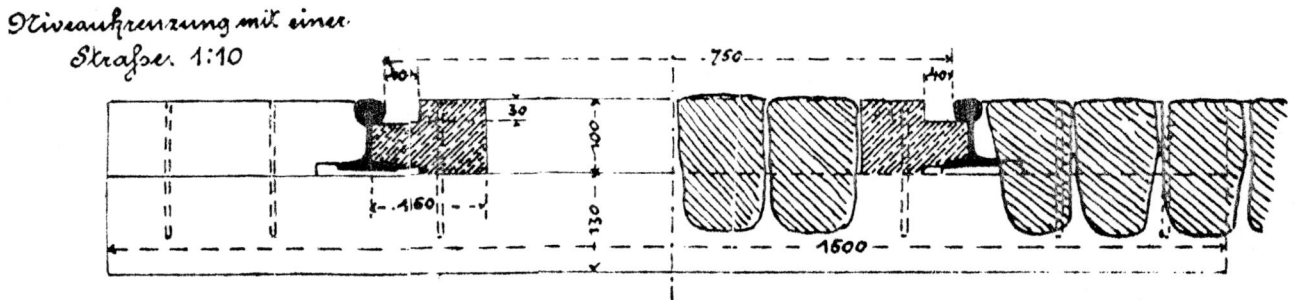

12 Querschnitt durch eine Straße mit Niveaukreuzung

könnte. Wir zweifeln nicht daran, daß diese in die Augen springenden Vorteile zu einer Association der Hümmlinger Bahn mit der Meppen - Haselünner Bahn angesichts der offenbaren beiderseitigen Interessen führen würden, wenn der Hümmlinger diesbezüglich Schritt tut. Wollten die Hümmlinger normalspurig bauen, so könnten die hiesigen Lokomotiven und Wagen auf der Hümmlinger Bahn mitbenutzt und dort die Hälfte der Betriebsmittel und des Betriebspersonals erspart, sowie eine gemeinsame Betriebsleitung hergestellt werden.

Es wäre wahrlich der Mühe wert, zu erwägen und zu berechnen, ob die Hümmlinger in der Tat nicht normalspurig bauen müßten. Wollten sie aber nur eine Schmalspurbahn herstellen, so schließt eine solche immer noch besser in Schleper als in Lathen an, und kann die Umladung genau so gut dort wie in Lathen stattfinden.

Würde der Anschluß auf dem Schleper gewählt und eine gemeinsame Betriebsleitung eingerichtet, so hätte die Hümmlinger Bahn mit keiner fremden Eisenbahnverwaltung zu tun, auch würde es sich ermöglichen lassen, daß dieselbe an den für die Meppen - Haselünner Bahn in Aussicht stehenden durchgehenden Tarifen und dem damit verbundenen Wegfall der halben Expeditionsgebühr wenigstens indirekt teilnähme, was für sie einen Vorteil von 3 - 4 Mark für jede Waggonladung bedeutete. Wenn sie als Kleinbahn hergestellt werden wird, würde sie auf anderem Wege diesen Vorteil nicht erreichen. Rechnet man die durch die Verkürzung der Linie um 8 Kilometer entstehende Frachtermäßigung (0,60 Mark pro Doppelladung und Kilometer) hinzu, so würde sich ein dauernder Gewinn von 9 Mark je Waggonladung ergeben, von dem jedenfalls ein Teil der Eisenbahnkasse zu Gute kommen könnte. Bei der Wahl der Linie nach Schleper würde allerdings Wahn nicht berücksichtigt, dagegen fänden die beiden Stavern, die beiden Berßen auch Hüven und Apeldorn bequemen Anschluß an eine Station in Kl. Berßen, was jedenfalls richtiger wäre als die Berücksichtigung von Wahn, welches ohnehin schon nahe genug der Station Lathen liegt.

Wir laden unsere Nachbarn und Landsleute auf dem Hümmling ein, unseren obigen Vorschlag in Erwägung zu ziehen und zu überlegen, ob nicht ein Gemeinschaftsverhältnis mit uns auch ihrem Interesse entspricht. Wir würden uns freuen, dieselben dann häufiger begrüßen zu können. Wie wir hören, haben der Kreis Aschendorf und der Ort Lathen erklärt, daß sie für den Anschluß der Hümmlinger Bahn in Lathen nichts tun würden, ja Lathen soll sogar nichts daran gelegen sein. Dagegen zweifeln wir nicht daran, daß man im hiesigen Kreise sich sehr entgegenkommend verhalten und mit Rat und Tat zur Seite stehen würde. Die Einberaumung einer Interessenten-Versammlung in Sögel unter Hinzuziehung der diesseitigen Eisenbahn-Commission könnte den ersten einleitenden Schritt für das genannte Projekt bilden.

Schließlich weisen wir noch darauf hin, daß alsdann der Hümmling für den bestimmt zu erwartenden Fall der Fortsetzung der Meppen - Haselünner Bahn in östlicher Richtung eine bequeme Eisenbahnverbindung auch mit dem südöstlich, östlich oder nordöstlich sich erstreckenden Eisenbahnnetze ohne weitere Kosten erreichen würde."

Zur Erinnerung sei darauf hingewiesen, daß die Meppen - Haselünner Eisenbahn bereits am 17.10.1894 den Betrieb auf der Strecke Meppen - Haselünne eröffnet hatte. Man versuchte daher mit allen Mitteln, die Hümmlinger auf „ihre Eisenbahn" aufmerksam zu machen und den Hümmling mit Hilfe der Meppen - Haselünner Eisenbahn „verkehrstechnisch" zu erschließen.

Aber die Hümmlinger gingen ihren eigenen Weg. Zwei

13 GmP (Güterzug mit Personenbeförderung) abfahrbereit im Bhf. Werlte

Vorhaben standen im Vordergrund, und zwar eine Strecke von Lathen über Sögel nach Werlte sowie von Schleper über Sögel nach Börger mit einem Abzweig von Sögel nach Werlte.

Die Initiative ergriff dann der Landwirtschaftliche Verein in Sögel, der dem Projekt Lathen - Sögel - Werlte näher getreten war. Nachdem man ausreichende statistische Unterlagen gesammelt hatte, wurde auf Anregung des Landrates Peus ein Kostenüberschlag nebst Rentabilitätsberechnung für das geplante Bahnunternehmen aufgestellt. Entscheidende Frage hierbei war, ob die Bahn normal- oder schmalspurig gebaut werden sollte. Die Untersuchungen erstreckten sich in erster Linie auf den zu bewältigenden Güterverkehr. Die Linienführung der Bahn war durch die Verkehrsorientierung des Hümmlings nach Lathen bestimmt: sämtliche landwirtschaftlichen Erzeugnisse gingen aus dem größten Teil im Einzugsbereich der geplanten Bahn über die Landstraße. Auch die Postversorgung des Hümmlings erfolgte von Lathen aus. Der zu erwartende Personenverkehr spielte hingegen keine große Rolle.

Die Berechnung der Bau- und Betriebskosten soll hier nur kurz erläutert werden. Die Schätzungen über den mutmaßlichen Verkehr einschließlich der Kosten für den Bau der Bahn erwiesen sich zwangsläufig als äußerst schwierig. Erste Berechnungsgrundlagen bot die Einwohnerzahl des Hümmlinger Kreises, die etwa um 1895 - wie schon erwähnt - 16.000 Personen erfaßte, das waren ca. 800 Personen/qkm. Aus den Erfahrungswerten beim Bau anderer Bahnen ergab sich ein Güterumschlag pro Kopf der Einwohnerzahl von 1,5 t/Jahr. Die Bemessungsgrundlage für den Hümmling wurde auf 1 t jährlich geschätzt, also ein zu erwartender Güterumschlag von 16.000 t. Hiervon

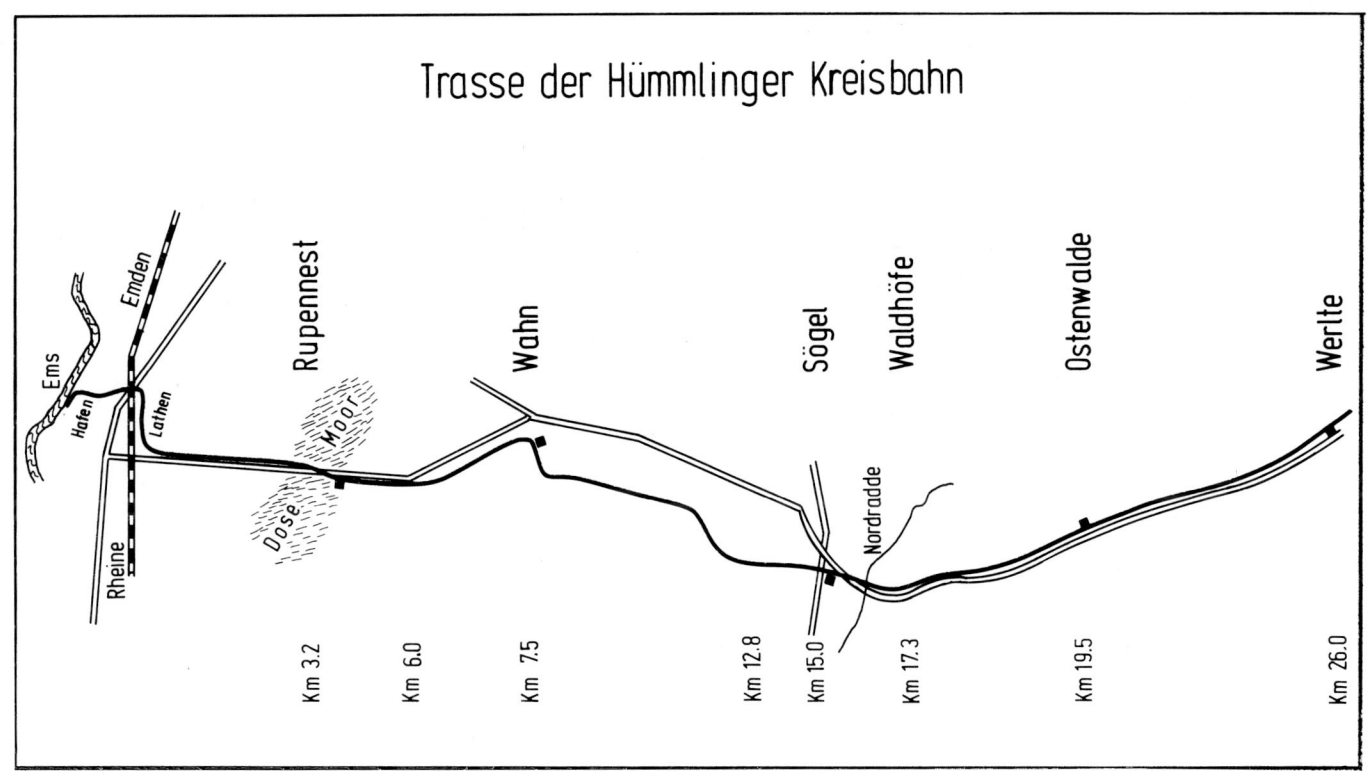

14 Plan der Hümmlinger Kreisbahn

entfielen 7.000 t/Jahr auf den Güterumschlag zwischen dem Emskanal und Lathen; für Stückgut und Vieh wurden 2.000 t angenommen.

Die Kostenfrage allein beim Güterumschlag sprach für den Bau einer Schmalspurbahn. Für die ca. 2 km lange Strecke vom Emskanal bis Lathen wäre zwar eine normalspurige Bahn günstiger gewesen, denn die Umladekosten von 0,20 M/t = 1.400,- Mark wären entfallen.

Die Werte für den zu erwartenden Personenverkehr zu ermitteln, war ebenso schwierig. Man rechnete mit etwa 48.000 Personen pro Jahr, die die Bahn benutzen würden. Anhand dieser Zahlenwerte konnte man Tarife festsetzen und so die Einnahmen und Ausgaben hinsichtlich der Rentabilität der Bahnanlage ermitteln. Folgende Tarife wurden zunächst angenommen:

0,04 Mark/km	für Personen
0,09 Mark/t/km	für Massengüter
0,20 Mark/t/km	für Stückgüter.

Nachdem die vom Kreistag gebildete Eisenbahn-Kommission eine im Betrieb befindliche Kleinbahn mit einer Spurbreite von 750 mm besichtigt hatte, entschied man sich letztlich auch für eine solche Spurweite. Für die Verwendung einer Spurweite von 750 mm sprachen nicht nur die geringeren Bau- und Betriebskosten, sondern auch Überlegungen, eine etwaige Anschlußbahn nach Cloppenburg schneller, billiger und zweckmäßiger herzustellen.

Die Baukosten für die rd. 28 km lange schmalspurige Strecke von Lathen nach Werlte wurden mit ca. 470.000,- Mark geschätzt, das sind ca. 17.000,- Mark/km. Beim Bau einer normalspurigen Bahn hätten die Kosten das Doppelte betragen. Die geschätzte Abrechnung wies für den Kreis Hümmling als Bahnträger noch einen geringen Gewinn aus.

Nachdem sich durch die Voruntersuchung ergeben hatte, daß die geplante Bahnanlage eine gewisse Rendite erwarten ließ und kein allzu großes Risiko für den Kreis entstehen konnte, lag es natürlich nahe, daß dieser selbst den Bau und den Betrieb der Bahn in die Hand nahm.

Der erste Schritt wurde am 29.2.1896 getan und der Kreistag

15 Der GmP (Güterzug mit Personenbeförderung) war die häufigst gefahrene Zuggattung. Lok „Werlte" bei der Einfahrt in den Bhf. Werlte

16 Lok „Werlte" steht abfahrbereit vor einem GmP in Werlte

in Sögel faßte folgenden Beschluß, der hier nur auszugsweise wiedergegeben werden soll:

„Der Kreistag beschließt auf Kosten des Kreises von Ems bei Lathen über Wahn, Sögel, Waldhöfe, Ostenwalde nach Werlte eine Kleinbahn (Eisenbahn mit Lokomotivbetrieb) von 75 cm Spurweite zu bauen und solche für Rechnung des Kreises zu betreiben und zu unterhalten. Die von den Gemeinden Sögel, Lathen, Wieste, Bockholte, Ostenwalde, Börger, Harrenstätte, Spahn, Wahn, Waldhöfe, Werpelch, Wehm, Eisten, Hüven, Vrees, Werlte, desgleichen die von Seiner Durchlaucht des Herzogs von Arenberg und dem Kreis Aschendorf für den Bau und den Betrieb der Bahn übernommenen Vorausleistungen werden angenommen.

Zur Deckung der gesamten Baukosten - der Grund und Boden ist von den Gemeinden etc., soweit sich diese dazu verpflichtet haben, unentgeltlich zur Verfügung zu stellen, - welche auf 470.000,- Mark veranschlagt werden, aber nach Abgang des von Seiner Durchlaucht, dem Herzog von Arenberg, geleisteten Eisenbahnbaubetrages nur 455.000,- Mark betragen, wird eine Anleihe in letztgenannter Höhe gemacht. Die Anleihe ist außer der zu vereinbarenden Verzinsung jährlich mindestens mit einem halben Prozent des Anleihekapitals und sofern die Betriebsüberschüsse solches gestatten, entsprechend höher zu amortisieren. Für den Fall, daß die Bahn mit einem Mehraufwand von 15 - 20.000,- Mark an einer Spurweite von einem Meter ausgeführt werden kann und diese Spurweite nach den vom Kreisausschuß noch anzustellenden Ermittlungen für die Bahn sich als zweckmäßig erweisen sollte, wird der Kreisausschuß ermächtigt, die Bahn bis zur Spurweite von einem Meter ausführen zu lassen und die oben erwähnte Anleihe um einen Betrag von 20.000,- Mark zu erhöhen."

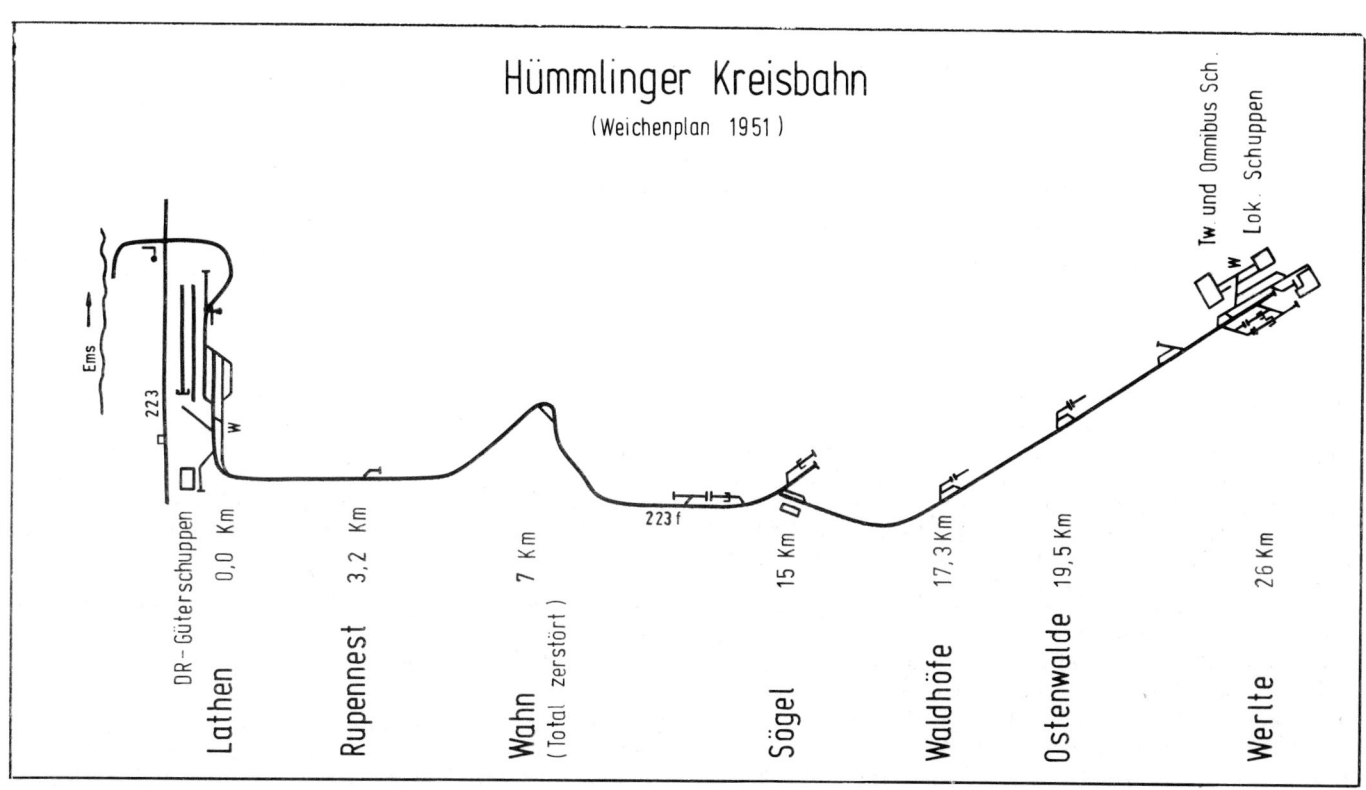

17   Weichenplan von 1951 der Hümmlinger Kreisbahn

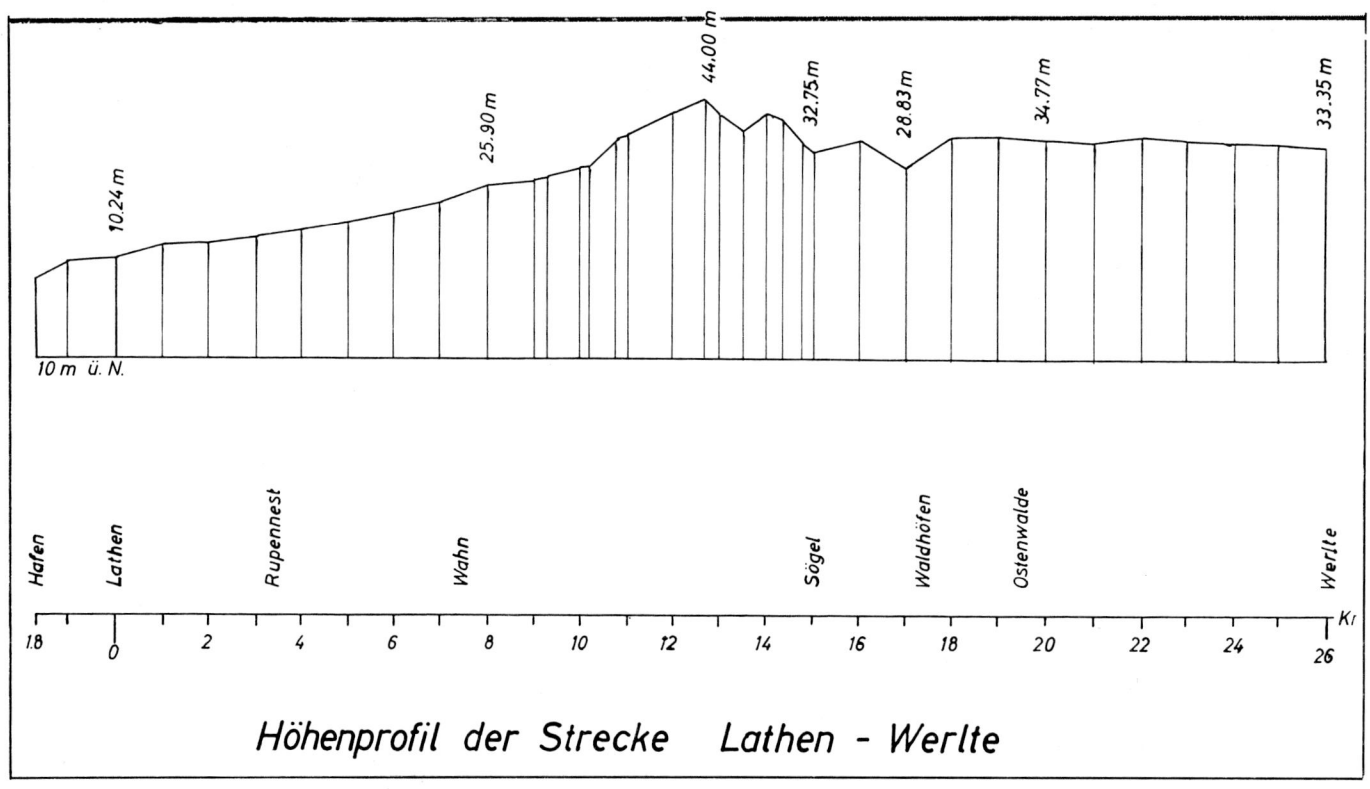

18 Höhenprofil der Hümmlinger Kreisbahn

Dem Antrag des Kreises bei der Provinzialverwaltung, sowohl das erforderliche Baukapital als Darlehen zu bewilligen, als auch die Vorarbeiten durchzuführen sowie die Bauausführung durch Beamte des Landesdirektoriums überwachen zu lassen, entsprach der Provinzialausschuß. Dieser Ausschuß stellte ein Darlehen in Höhe von 470.000,- Mark zur Verfügung, wovon aber nur zwei Drittel bis zu einer Höhe von 311.400,- Mark in Anspruch genommen und mit 2,65 % verzinst wurden, da der Staat mit Erlaß des Ministers für öfftl. Verkehr vom 5.9.1896 eine Beihilfe in Form einer Beteiligung an dem Eisenbahnunternehmen in Höhe von 160.000,- Mark bewilligte. Hierfür war der Staat u.a. am jährlichen Reingewinn nach dem Verhältnis seines Anteils am genannten Kapitalaufwand beteiligt.

Das ganze Unternehmen wurde getragen vom Kreis Hümmling, der Gemeinde Lathen, - die damals noch nicht zum Kreisgebiet gehörte, - dem Herzog von Arenberg, der Provinz Hannover und dem Preußischen Staat. Die Zuschüsse „a fonds perdu" des Herzogs von Arenberg betrugen 15.000,-Mark, die der Gemeinde Lathen 2.500,- Mark. Der Kreis Aschendorf gab seine Zustimmung zur Mitbenutzung der ca. 5 km langen Landstraße zum Bau der Bahnanlagen.

Mit den Vorarbeiten wurde im Jahre 1896 unverzüglich begonnen. Die Pläne zur Bauausführung waren so ausführlich angefertigt worden, daß sie gleich benutzt werden konnten.

Der Königliche Regierungspräsident in Osnabrück stellte am 16.6.1897 die Genehmigungsurkunde - veröffentlich im Amtsblatt der Kgl. Regierung zu Osnabrück vom 2.7.1897 - mit folgendem Inhalt aus:

Amtsblatt
der Königlichen Regierung zu Osnabrück.

Stück 27. Ausgegeben Osnabrück, den 2. Juli **1897.**

396. Genehmigungsurkunde

Zur Herstellung und zum Betriebe einer Kleinbahn von Lathen und dem Dortmund-Emshäfen-Canal über Sögel und Werlte für die Beförderung von Personen und Gütern mittels Dampfkraft wird dem Kreise Hümmling auf Grund des Gesetzes über Kleinbahnen und Privatanschlußbahnen vom 28. Juli 1892 im Einvernehmen mit der von dem Herrn Minister der öffentlichen Arbeiten hierzu bestimmten Königlichen Eisenbahn-Direction zu Münster, vorbehaltlich der Rechte Dritter, auf die Zeitdauer von 75 Jahren von der Betriebseröffnung ab unter nachstehenden Bedingungen hierdurch die Genehmigung erteilt.

§ 1.

Die Bahn ist nach Maßgabe der von dem Unternehmer vorgelegten, mit dem Prüfungsvermerke vom heutigen Tage versehenen Pläne unter Beachtung der gemäß den Prüfungsprotocollen de daw Lathen, 22. April 1897 und Sögel, 23. April 1897 besonders festgesetzten sowie derjenigen Ergänzungen und Aenderungen herzustellen, welche auf Grund der §§. 17 und 18 des vorbezeichneten Gesetzes etwa noch angeordnet werden sollten.

Hinsichtlich der Durchführung der Bahn durch den Ort Sögel hat der Kreis sich laut Nachtragserklärungen vom 27. April 1897 unter Aufgabe der rotpunktirten südlichen Concurrenzlinie endgültig für die blaupunktirte nördliche Linie entschieden und wird deren Ausführung genehmigt.

Die Bedingungen, unter welchen der Anschluß der Kleinbahn an den Staatsbahnhof Lathen gestattet wird, sind in dem noch abzuschließenden bezüglichen Vertrage festzustellen.

Für den Bahnkörper und den mit 0,75 Meter Spurweite des Gleises anzulegenden Oberbau sowie für die Betriebsmittel sind die genehmigten bezw. noch zu genehmigenden Zeichnungen maßgebend und darf auch bei späteren wesentlichen Ergänzungen der Bahnanlage ohne Zustimmung der Aufsichtsbehörde von der durch die Genehmigung festgesetzten Construction nicht abgewichen werden.

Die zur Verhütung von Feuersgefahr zu treffenden Anlagen bleiben für den Fall des Bedürfnisses vorbehalten.

Die Vollendung und Inbetriebnahme muß längstens innerhalb 3 Jahren vor der Feststellung des Bauplanes ab erfolgen.

§.2.

Für die Benutzung öffentlicher Straßen und Wege sind neben dem festgestellten Bauplane die mit den betreffenden Straße und Wegebauverwaltungen getroffenen Vereinbarungen maßgebend.

§.3.

Bei der Ausführung des Baues hat der Unternehmer dafür zu sorgen, daß die Benutzung der öffentlichen Wege durch die Bauarbeiten nicht verhindert oder wesentlich erschwert wird, und daß die in oder an dem Straßenkörper befindlichen Anlagen keinen dauernden Schaden erleiden.

Den von der Wegepolizeibehörde dieserhalb getroffenen Anordnungen ist Folge zu leisten.

Für die durch die Bauarbeiten an öffentlichem oder Privateigenthum verursachten Beschädigungen ist der Unternehmer verantwortlich.

§.4.

Der Unternehmer ist auf Erfordern der Aussichtsbehörde gehalten, jederzeit die Einführung von Privatanschlußgleisen zu gestatten, und es findet in Ermangelung gütlicher Vereinbarung über die Bedingungen des Anschlußes und seines Betriebs der zweite Absatz des §. 10 des vorbezeichneten Gesetzes Anwendung.

§.5.
Der Unternehmer ist gehalten, die Bahn für die Dauer ihrer Genehmigung ordnungsmäßig zu betreiben. Zu diesem Zwecke ist die Bahn nebst den Betriebsmitteln fortwährend dem jeweiligen Verkehrsbedürfnisse entsprechend auszurichten und in einem solchen Zustande zu erhalten, daß dieselbe mit der im §. 9 festgesetzten größten Geschwindigkeit befahren werden kann.

§.6.
Die mit der Leitung der Bau- und Betriebsverwaltung betrauten Personen (Vorstand) sind der Aufsichtsbehörde anzuzeigen. Ebenso ist derselben von einer hierin eintretenden Aenderung Kenntnis zu geben.

§.7.
Alle im äußeren Betriebsdienste beschäftigten Bediensteten (Maschinenführer, Schaffner, Controleure, Haltestellenvorsteher u. f. w.) müssen diejenige körperliche und geistige Fähigkeit und diejenige Zuverlässigkeit besitzen, welche ihre Berufspflicht erfordert.
Zu Maschinenführern dürfen nur solche Personen angenommen werden, welche nach einer mindestens sechsmonatigen Arbeit in einer Maschinenbau- oder Maschinenreparatur-Werkstätte und nach mindestens ebenso langer Lehrzeit als Maschinenführer durch eine Prüfung und durch Probefahrten ihre Befähigung nachgewiesen haben. Ob und inwieweit aus besonderen Gründen eine kürzere Beschäftigung in einer Maschinenwerkstätte und als Lehrling für ausreichend zu erachten ist, bestimmt die eisenbahntechnische Aufsichtsbehörde.
Über alle im äußeren Betriebsdienste beschäftigten Bediensteten sind Nachweisungen zu führen, welche über ihr Alter, ihre etwaigen gerichtlichen und disciplinaren Bestrafungen und über sonstige für die Befähigung und Zuverlässigkeit für ihren Dienst erheblichen Umstände Auskunft geben müssen.
Auf Erfordern sind diese Nachweisungen der Aufsichtsbehörde vorzulegen. Bedienstete, welche sich als unfähig, oder als zuverlässig für ihren Beruf erwiesen haben, sind auf Erfordern der Aufsichtsbehörde aus ihrem Dienste zu entlassen.

§.8.
Die zum Verkehr mit dem Publikum berufenen Beamten müssen bei ihrer Dienstausübung durch besondere Dienstkleidung oder ein sonstiges gleichmäßiges Abzeichen als solche kenntlich und mit einer an der vorderen Seite der Kopfbedeckung zu tragenden Nummer versehen sein.

§.9.
Die Geschwindigkeit der Fahrten darf vorbehaltlich besonderer Bestimmung für sich als besonders gefährdet erweisende Punkte innerhalb der Ortschaften 10 und auf den Straßen und Wegen 20 Kilometer in der Stunde nicht übersteigen.
Die Einrichtung des Fahrplans unterliegt der Genehmigung der Aufsichtsbehörde. Ein jeder Fahrplan ist auch der eisenbahntechnische Aufsichtsbehörde mitzutheilen.

§.10.
Die Fahrpläne für den Personenverkehr und die Beförderungspreise für den Personen- und Güterverkehr sind mindestens drei Tage, Erhöhungen der Beförderungspreise aber mindestens 14 Tage vor ihrer Einführung durch das für die Bekanntmachung des Kreis-Landrathes bestimmte Blatt sowie durch Aushang - und zwar der Fahrpläne und der Personenbeförderungspreise in den Personenbahnhöfen und Wartehallen, der Güterbeförderungspreise in den zur Güterabfertigung bestimmten Räumen - zur öffentlichen Kenntnis zu bringen.

§.11.
Die Zeitabschnitte, in welchen die Betriebsmaschinen, abgesehen von der Vornahme erheblicher Aenderungen, der Prüfung durch die eisenbahntechnische Aufsichtsbehörde zu unterwerfen sind, werden auf je drei Jahre bestimmt. Sowohl bei der ihrer Einstellung in den Betrieb vorhergehenden, wie auch bei den späteren periodischen Prüfungen der Betriebsmaschinen sind diejenigen Vorschriften gleichmäßig zu beachten, welche jeweilig für die entsprechenden Prüfungen der auf Nebeneisenbahnen zur Verwendung kommenden Betriebsmaschinen gelten.

§.12.
Für die Verpflichtungen des Unternehmers im Interesse der Landesvertheidigung sind die Vorschriften der unter dem 19. November 1892 zu §. 8 Absatz 1, und §. 9 des Gesetzes über Kleinbahnen und Privatanschlußbahnen vom 28. Juli 1892 ergangenen Ausführungsanweisungen, für die Verpflichtungen gegenüber der Postverwaltung die Bestimmungen im §. 42 dieses Gesetzes maßgebend.

§.13.
Die bei etwaiger Anlage einer Telegraphen- bezw. Telephonleitung längs der Bahn für nothwendig erachteten Arbeiten an den Reichstelegraphenlinien werden durch Organe der Reichs-Post- und Telegraphenverwaltung ausgeführt.
Sofern nicht ein besonderes Abkommen erfolgt, ist diese Leitung auf den Strecken, auf welchen sich Telegraphen- oder Fernsprechleitungen bereits befinden, auf derjenigen Straßenseite zu führen, welche von der Reichslinie nicht verfolgt wird. Kreuzungen der Bahnleitungen mit den Reichsleitungen sind nach Möglichkeit zu vermeiden. Sind solche nicht zu umgehen, so müssen die Bahnleitungen in einem Abstande von mindestens 1 Meter unter den Reichsleitungen hinweggeführt werden.
Ueber sich etwa sonst bezüglich der Anlage einer Bahn-

telegraphen- bezw. Telefonleitung ergebende Streitpunkte mit der Reichs-Post- und Telegraphen-Verwaltung bleibt besonderer Entscheidung vorbehalten.

§.14.
Der Unternehmer hat für den gesammten Betrieb eine Betriebsordnung zu entwerfen und auf Erfordera hierfür, wie auch für die Dienstanweisungen der im äußeren Betriebsdienste angestellten Personen die Genehmigung der Aufsichtsbehörde einzuholen.

§.15.
Auf Grund der beiden Erlasse des Herrn Ministers der öffentlichen Arbeiten vom 5. September 1896 - Nr. III 11474 /IVa A 6774 - und vom 31. December 1896 - Nr. III 16228 /IVa A 10178 - wird endlich noch festgesetzt:

I.

1. Ueber die Durchführung der Kleinbahnunternehmen ist, abgesondert von der sonstigen Verwaltung des Kreises Buch und Rechnung zu führen auf der Grundlage der für Nebeneisenbahnen geltenden Bestimmungen, insbesondere auch derjenigen über die Bildung und Verwendung eines Erneuerungsfonds und eines Reservefonds. Mit jeder Betriebsrechnung ist eine Bilanz nebst Gewinn- und Verlustrechnung aufzustellen.

2. Wie die Baurechnung, so ist auch die für jedes Betriebsjahr binnen drei Monaten nach dessen Ablauf aufzustellende Betriebsrechnung nebst Bilanz und Gewinn- und Verlustrechnung dem unterzeichneten Königlichen Regierungs-Präsidenten oder einem Beauftragten desselben zur Prüfung - unter Einsicht der Bücher und Beläge - vorzulegen. Binnen vier Wochen nach dem Abschluß der Rechnung ist ein vom Kreislandrath beglaubigter Auszug derselben - nebst einer ebenso beglaubigten Abschrift der Bilanz und Gewinn und Verlustrechnung - dem Königlichen Regierungs-Präsidenten zuzufertigen.

3. Die Zahlung der Staatsbeihilfe erfolgt nach Maßgabe des Bedürfnisses in Einzelbeträgen auf den Antrag des Kreislandraths dergestalt, daß die Theilzahlungen des Staates jeder Zeit ein Drittel des vom Kreislandrath bescheinigten Aufwands des Kreises für das Unternehmen - abgesehen von den Kosten des Grunderwerbes - erreichen. Die Zahlung des letzten Zehntels der Beihilfe erfolgt jedoch erst nach Zustellung der Baurechnung an den Königlichen Regierungs-Präsidenten, vorbehaltlich der gegen die letztere etwa zu ziehenden Erinnerungen.

4. Für jedes Betriebsjahr wird der Reingewinn des Unternehmens zwischen dem Kreise und dem Staat nach Verhältnis ihrer Antheile an dem Kapitalsaufwand vertheilt. Als Reingewinn des Unternehmens kann nur der von den Betriebseinnahmen nach Deckung der Betriebsausgaben und nach Abzug der Rücklagen für den Erneuerungsfonds und den Reservefonds verbleibende Betrag gelten.

Zu dem Capitalsaufwand des Kreises für die Bahn sind Kosten des Grunderwerbs nur insoweit einzurechnen, als dies mit Rücksicht auf ganz besondere Umstände seitens des Königlichen Regierungs-Präsidenten zugestanden worden ist.

Die Entschließung über die Versicherungsnahme für Betriebsunfälle bleibt dem Ermessen des Kreises überlassen.

Die Vertheilung des Reingewinns erfolgt nach Anerkennung der Rechnung seitens des Königlichen Regierungs-Präsidenten. Wird die Rechnung beanstandet und ein Einvernehmen zwischen beiden Theilen über die beanstandeten Posten nicht erreicht, so entscheidet über diese ein von dem Königlichen Minister der öffentlichen Arbeiten zu bezeichnender Sachverständiger, der zugleich darüber zu befinden hat, von welchem Theile die Kosten der Prüfung und Entscheidung zu tragen sind.

Das Gleiche gilt im Falle einer Beanstandung der Baurechnung.

6. Die zeitweiligen Barbestände bei der Verwaltung des Bahnunternehmens sind für anderweite Bedürfnisse des Kreises nicht heranzuziehen, vielmehr bestmöglichst zinsbar zu belegen.

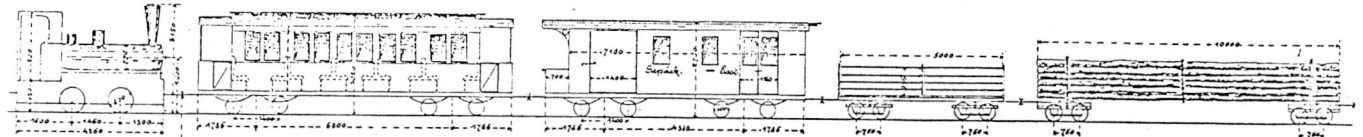

19 GmP-Skizze aus einer Beschreibung der Bahn

II.

Die Genehmigung des Königlichen Regierungs-Präsidenten ist erforderlich:

a) zu dem Plan für die Ausrüstung der Bahn stammt der Kostenanschlag sowie zu künftigen Veränderungen oder Erweiterungen der Bahnanlagen, insoweit die Kosten aus den laufenden Einnahmen oder dem Reservefonds gedeckt oder in den Bahnaufwand des Kreises für das Bahnunternehmen - nach 1. 4 eingerechnet werden sollen;

b) zu Verträgen mit Unternehmern über die Herstellung und Ausrüstung der Bahn;

c) für die Zahl der einzustellenden Züge und die Beförderungspreise im Personen- und im Güterverkehr;

d) zur Aufnahme einer Anleihe und Verpfändung des Bahnunternehmens;

e) für Verträge, durch welche der Betrieb der Bahn einem Dritten übertragen oder mit einem anderen Bahnunternehmen vereinigt werden soll;

f) für Verträge, durch welche das Bahnunternehmen einem Dritten übertragen oder mit einem anderen Unternehmen vereinigt werden soll.

Osnabrück, den 16. Juni 1897.

Der Regierungs-Präsident.
S t ü v e

20 GmP mit Rollwagen von Lok „Sögel" gezogen in Ostenwalde

21 Lok „Sögel" zieht einen Kesselwagen auf einen Rollwagen

Gegen das Planfeststellungsverfahren hatten zunächst zwei Grundbesitzer in Sögel Beschwerde erhoben, die aber vom Ministerium für öffentliche Arbeiten zurückgewiesen wurde.

Nachdem das Genehmigungs- und Planfeststellungsverfahren ohne erhebliche Änderungen beendet war, ist unverzüglich mit dem Bau der Bahnanlagen begonnen worden. Alle Arbeiten und Lieferungen wurden öffentlich ausgeschrieben.

In technischer Beziehung war der Bau der Anlagen nicht schwierig. Die Leitung des Bahnbaus wurde dem Landesbaurat Sprengel von der Provinzialverwaltung übertragen, der auch bei der Projektentwicklung entscheidend mitwirkte. Unterstützung bei den Bauarbeiten erhielt Sprengel durch den beim Kreis angestellten Ingenieur Proetzel aus Lathen. Die Arbeiten für den Unter- und Oberbau führte der Unternehmer Schmidt aus Lingen durch. Bereits im Frühjahr 1898, nachdem die Arbeiten auf dem Steckenabschnitt Lathen - Sögel beendet waren, ist mit der Gleisverlegung begonnen worden. Verschiedene Firmen lieferten die zum Bahnbau erforderlichen Materialien, so kam z.B. das Schienenmaterial einschließlich Weichen von der Dortmunder Hütten-Union.

Die Arbeiten am Oberbau wurden termingerecht beendet. Die landespolizeiliche Abnahme und Prüfung der Kreisbahn erfolgte am 13.8.1898 durch die zuständigen Aufsichtsbehörden. Da sich keinerlei Beanstandungen ergaben, wurde der Betrieb am 14.8.1898 eröffnet.

Über die Eröffnungsfeier berichtete der damalige Chronist sehr ausführlich:

„Am 12. August 1898 fand die Revision der Hümmlinger Kreisbahn in landespolizeilicher und eisenbahntechnischer Hinsicht statt. Zu dem Zwecke fanden sich die Mitglieder der Eisenbahnkommission - nämlich die Herren Landrat Peus, Vorsteher Möhlenkamp und Fabrikant Feldhaus aus Sögel und Brennereibesitzer Schludde aus Werlte - auf dem festlich geschmückten Bahnhof der Kreisbahn in Lathen ein,

um die bei der Revision beteiligten Behörden in Empfang zu nehmen.

Nach stattgefundener Vorstellung und Begrüßung der auswärtigen Herren bestieg die Gesellschaft den mit Girlanden und Fähnchen reich verzierten Zug der Kreisbahn. Die Fahrt ging von Lathen über Wahn, Sögel, Waldhöfe, Ostenwalde nach Werlte. Alle Stationen prangten in reichem Flaggenschmuck und waren mit Kränzen und Ehrenbogen prächtig geschmückt.

Im Bahnhofsgebäude Sögel wurde den Gästen ein Frühstück dargeboten. Bei dieser Gelegenheit ergriff Herr Landrat Peus das Wort, um der Freude Ausdruck zu geben über das große Ereignis für den Hümmling. Der Redner führte dann weiter aus, der Hümmling - in dessen Mittelpunkt sich jetzt die Gesellschaft befinde - erfreue sich zwar nicht eines guten Rufes, sondern seine Bewohner ständen vielfach im Verdacht der Grobheit, Unfreundlichkeit und Ungastlichkeit. Aber diejenigen, die den Hümmling einmal kennengelernt haben, würden gewiß mit ihm darin übereinstimmen, daß es für diesen Ruf keine Begründung gäbe und vielmehr auch hier strebsame Leute wohnten, mit denen wohl zu verkehren sei und die sich namentlich freuten, wenn sich Gäste bei ihnen wohl fühlten. Die hier versammelte hohe Gesellschaft sei den Kreiseingesessenen um so willkommener, da sie wüßten, daß diese fremden Herren vom Wohlwollen für den Kreis getragen würden und mit dem ganzen Hümmling einig seien in dem Wunsche, daß die Bahn dem Kreise zum Segen gereichen möge. Deshalb sei er auch gewiß, daß die Gäste gern in den heute zum ersten Male erschallenden Ruf einstimmen würden: „Es blühe und gedeihe unsere Kreisbahn!"

Nach dem Frühstück brachte die Kreisbahn die Gesellschaft nach den Stationen Waldhöfe, Ostenwalde und Werlte als Endstation. Hier erwartete eine große Menge festlich gestimmter Personen den Zug, der unter Böllerschüssen gegen 12 Uhr im geschmückten Bahnhof einlief, von brausendem Hurra empfangen.

Da sich gar keine Beanstandungen bei der amtlichen Prüfung ergeben hatten, wurde noch während des Mittagessens unter dem Beifall der Anwesenden die Erlaubnis zur sofortigen Inbetriebnahme der Eisenbahn gegeben."

Die Endabrechnung über den Bau der Bahn einschließlich der Beschaffung von Bahnmaterial wies per 31.3.1899 einen

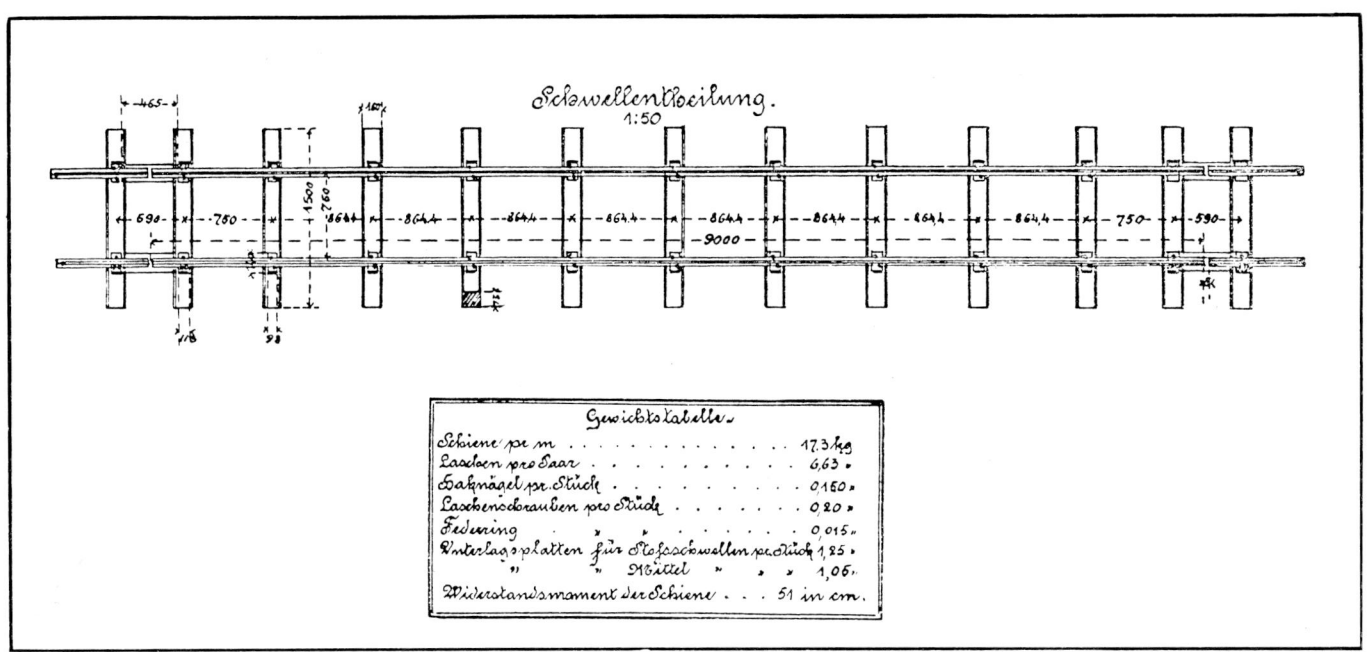

22 Schwellenteilung der Hümmlinger Kreisbahn

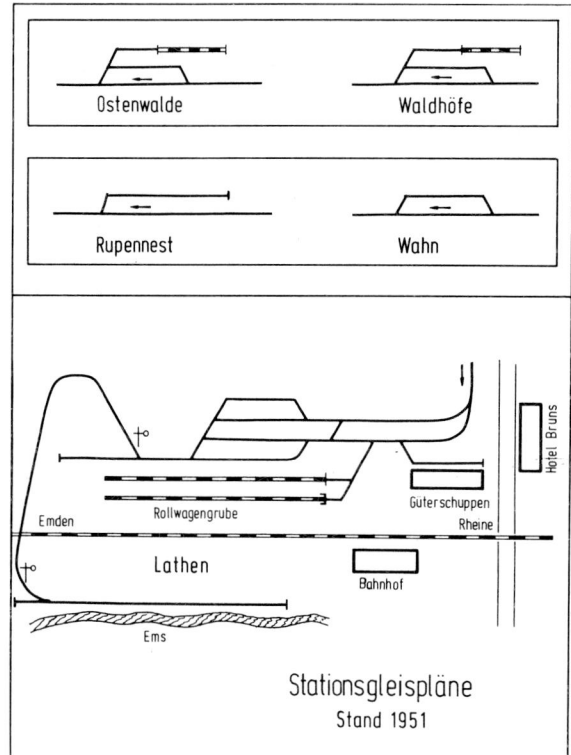
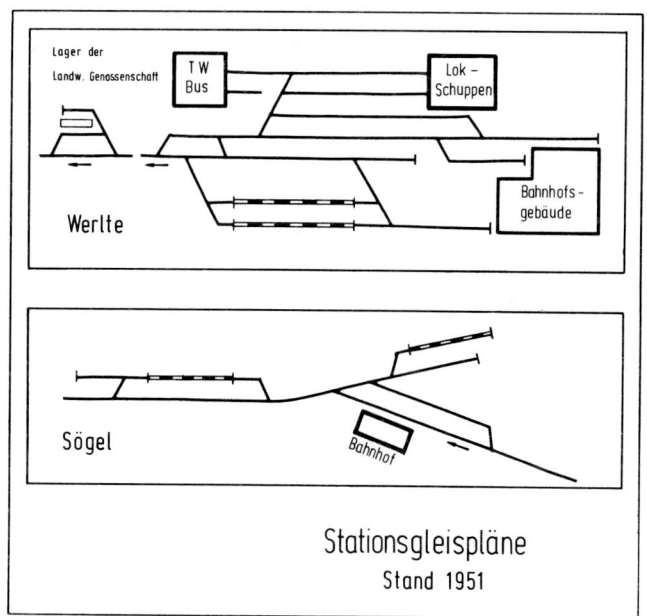

23-29 Stationsgleispläne von 1951

Betrag von 431.037,94 Mark aus. Von diesem Betrag trug die Kgl. Staatsregierung in Hannover - wie vereinbart - ein Drittel der Summe, d. h. 134.309,94 Mark.

Das für den Bahnbau erforderliche Kapital erhielt der Kreis nach Abzug des vom Staat übernommenen Anteils als Darlehen von der Provinzialverwaltung zu einem Zinssatz von 2,65 % und 0,5 % Amortisation p.a. Aufgrund der später einsetzenden günstigen wirtschaftlichen Entwicklung wurde der Zinssatz auf 2,8 % angehoben.

Nachdem durch den Kreistag der Bau einer schmalspurigen Kleinbahn von Lathen nach Werlte beschlossen war, wurde man auch im Oldenburger Münsterland hellhörig und interessierte sich ebenfalls für ein Bahnprojekt von Cloppenburg bis zunächst Kleinenging bzw. Lindern. Nach langwierigen Verhandlungen konnte der Verkehr am 1.1.1900 auf diesem Streckenabschnitt aufgenommen werden. Erst am 5.5.1902 wurde durch den Beschluß des Bahnausschusses festgelegt, daß der endgültige Ausbau „bis zur Landesgrenze" erfolgen sollte. Der Fluß Mittel-Radde bildete hier die Landesgrenze zwischen Oldenburg und der Provinz Hannover. Von diesem Endpunkt bis zum Bahnhof der Hümmlinger Kreisbahn in Werlte lagen ca. 2,5 km. Verhandlungen über den Anschluß der Bahn an die Hümmlinger Kreisbahn verliefen ergebnislos. Die Reisenden, die nach Werlte bzw. Cloppenburg oder weiter fahren wollten, mußten diese Wegstrecke zu Fuß gehen. In der ereignisreichen Eisenbahngeschichte ist dies wohl ein Kuriosum.

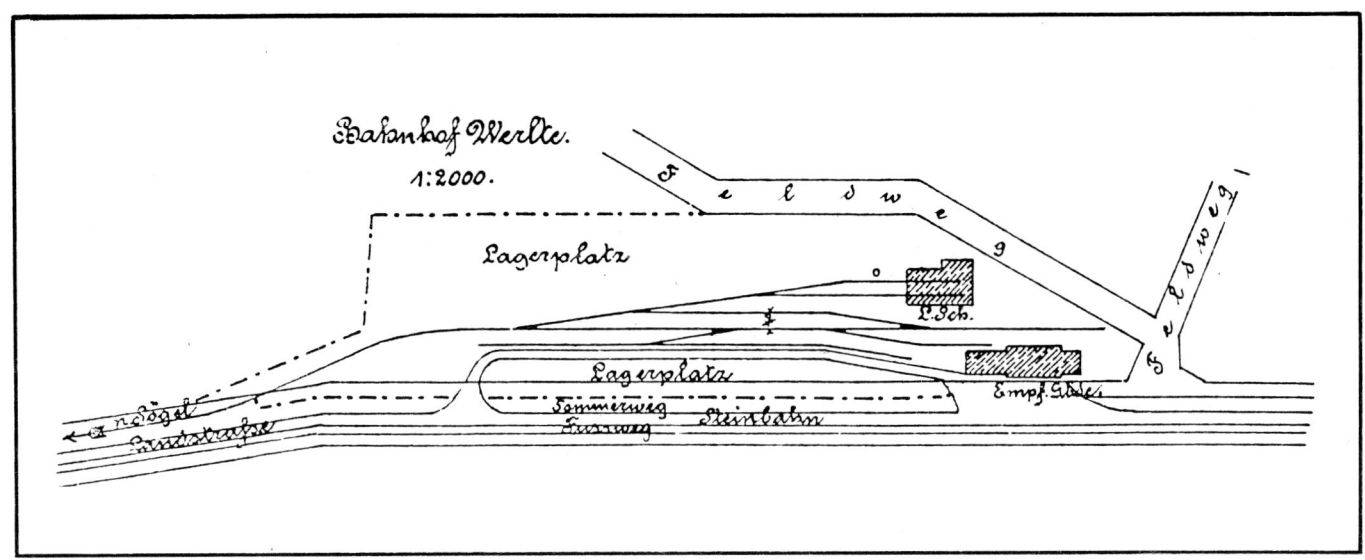

30 Gleisplan Werlte bei Betriebseröffnung

31 Gleisplan Sögel bei Betriebseröffnung

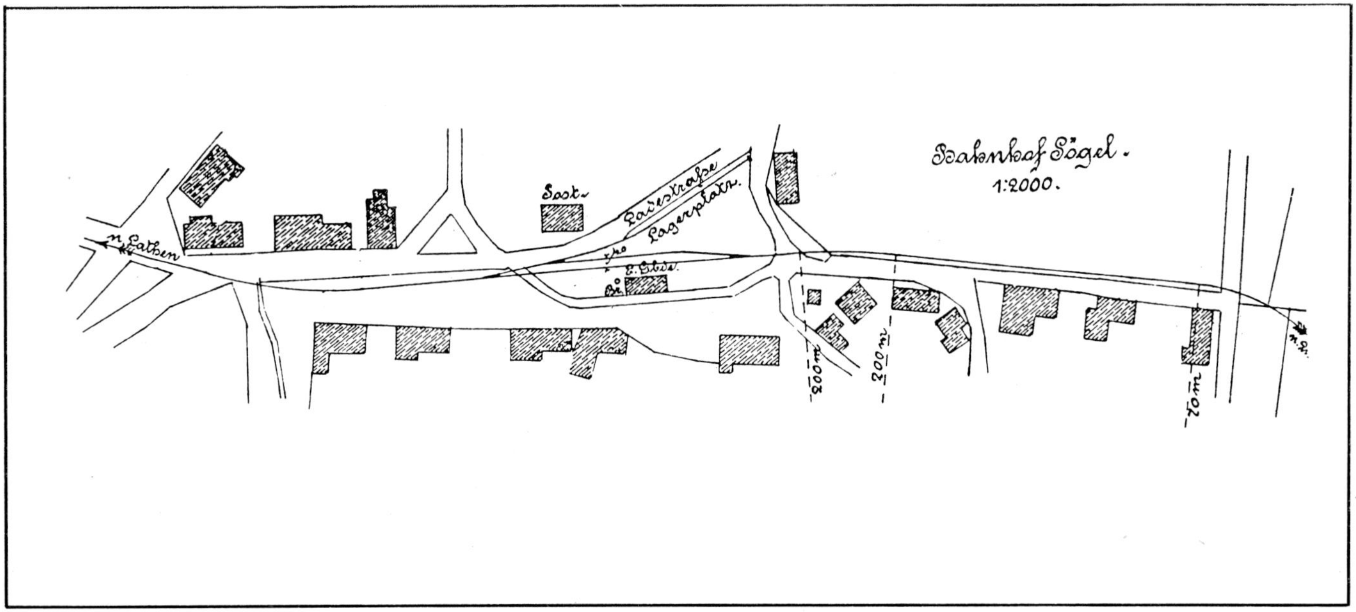

32 Ausfahrt Kleinbahnhof Lathen Richtung Rupennest

Wirtschaftliche Entwicklung

Schon nach Ablauf weniger Monate war festzustellen, daß sich der Bahnverkehr „über Erwarten erfreulich" entwickelte. Der in Aussicht gestellte Kreiszuschuß in Höhe von 5.000,- Mark zur Deckung der Betriebskosten brauchte nicht in Anspruch genommen werden.

In den ersten Jahren betrugen die Gewinne der Bahn ohne Rücklagen in den Erneuerungsfond:

vom 13./14.8.1898 - 31.3.1899	12.673,20 M
vom 1.4.1899 - 31.3.1900	22.697,91 M
vom 1.4.1900 - 31.3.1901	26.751,74 M

Damit zeichnete sich für die Kreisbahn eine erfreuliche Tendenz ab.

Die Entwicklung der Kreisbahn seit ihrer Inbetriebnahme zeigte, daß auch in einem rein ländlichen Gebiet eine Bahn aus eigenen Erträgen, bei einfacher Betriebsweise, sparsamer Leitung und äußerster Geringhaltung der lfd. Kosten betrieben werden konnte. So kam es schon vor dem Weltkrieg 1914/18 zu Überlegungen über einen Ausbau bzw. Umbau der Bahn auf Normalspur.

Aus den erwirtschafteten Betriebsüberschüssen konnten neben der vorzeitigen Amortisierung des Schuldendienstes wesentliche Betriebsverbesserungen durchgeführt werden, so z.B. der Ankauf weiterer Güterwagen. Um die Überschüsse sinnvoll und zweckmäßig einzusetzen, erließ die

33, 34 Betriebsidylle auf der Hümmlinger Kreisbahn. Der Betriebsleiter Le Brun mit seinem Dienstwagen auf Kontrolle

35 Personenzug abfahrbereit in Sögel

Kreisverwaltung hierzu entsprechende Anordnungen, so das

„Regulativ für den Erneuerungsfond der Hümmlinger Kreisbahn vom 16.12.1898"

und das

„Regulativ für den Spezialreservefond der Hümmlinger Kreisbahn vom 25.7.1899".

Der Erneuerungsfond wurde mit jährlicher Laufzeit den jeweiligen Gegebenheiten angepaßt und diente zur Bestreitung der regelmäßig wiederkehrenden Kosten für die Erneuerung vom Oberbau und für Betriebsmittel.

Auch nach Beendigung des I. Weltkrieges bzw. nach der Inflation im Jahre 1923 wurden wieder erhebliche Betriebsüberschüsse erzielt. Die Betriebsleitung beschloß im Jahre 1926 u.a., mit eigenen Mitteln den Ausbau der Gleisanlagen auf Normalspur voranzutreiben. Diese Arbeiten mußten jedoch im Jahre 1929 wieder eingestellt werden. Anfang der 30er Jahre stagnierte der Personenverkehr erheblich. Neben den ungünstigen wirtschaftlichen Verhältnissen machte sich auch die zunehmende Konkurrenz des Straßenverkehrs immer mehr bemerkbar. Durch die ab 1934 erfolgte Einführung eines Triebwagenverkehrs, verbunden mit einer höheren Reisegeschwindigkeit gegenüber den Dampfzügen, konnte jedoch wieder eine Steigerung des Personenverkehrs erzielt werden. Aus den Geschäftsberichten war zu entnehmen, daß weit über 2/3 der beförderten Personen den Triebwagen benutzt hatten.

Auch der Güterverkehr konnte durch den bei der Kreisbahn ab 1936 eingeführten Rollwagenverkehr wieder belebt werden. Durch unzureichende Materialzuteilung während des II. Weltkrieges mußten die erforderlichen Instandsetzungs- und Erneuerungsarbeiten des Oberbaus sowie die Ersatzbeschaffungen von Betriebsmitteln unterbleiben. Zu den erheblichen Abnutzungen des Lokomotivs- und Wagenparks traten schwere Kriegsschäden an Gleisanlagen und Bahnhöfen auf; auch der Verlust des gesamten Kraftfahrzeugparks war zu beklagen.

Um den 1.4.1945 war kein geordneter Fahrbetrieb mehr möglich, am 10.4.1945 erfolgte die Besetzung des Hümmlings durch kanadische Truppen. Monatelang lag der Kleinbahnbetrieb still, an eine Beseitigung der Trümmer war nicht zu denken. Die Militärregierung erklärte die Bahn für weniger lebenswichtig und jegliche Unterstützung blieb aus.

Nach fast 3 Monaten, am 20.6.1945, stellte der zunächst kommissarisch eingesetzte Betriebsführer über die Kreisverwaltung bei den Militärbehörden den Antrag auf Wiedereröffnung des Bahnverkehrs von Werlte nach Lathen bis zum

36 Lok „Werlte" mit Personenzug Richtung Werlte in Sögel

37 4-achsiger Rungenwagen mit Schienen für die Neubaustrecke auf Rollwagen

Emskanal. Die durch die Kriegsereignisse entstandenen Schäden sind mit eigenen Mitteln restlos beseitigt und die Wiederaufbauarbeiten zügig vorangetrieben worden.

Es wurden zunächst täglich zwei Züge abgefertigt, bestehend aus einem Diesel-TW mit einem Gepäckwagen. Kohlen durften zu damaliger Zeit nicht für die Loks verbraucht werden. Als die ersten Kartoffeltransporte wieder notwendig wurden, erlaubten die Militärbehörden zweimal

38 Lokomotive „Werlte" mit Rollwagen in Lathen am 3. Februar 1952

täglich den Einsatz der Dampflokomotiven. Für weitere Fahrten bewilligte man keine Kohlen. Unter erschwerten Verkehrsbedingungen konnte der Verkehr der Kleinbahn am 15.9.1945 wieder uneingeschränkt aufgenommen werden.

Bis zur Währungsreform konnte aus dem Erwirtschafteten eine Lok und einige Güterwagen aus ehemaligen Heeresbeständen angeschafft werden. Auch der Linienverkehr mit Omnibussen wurde in bescheidenem Umfang wieder aufgenommen. Durch die Währungsreform im Juni 1948 verlor die Kreisbahn ohne Aufwertung einen Betrag von rd. 509.000,- RM.

In den Jahren 1946 -1948, d.h. bis zur Währungsreform, hatte die Kreisbahn noch mit anderen „Schwierigkeiten" zu kämpfen. Der Personenverkehr erlebte eine neue Blüte durch die Hamsterfahrten während der Hungerjahre. Die Bevölkerung, besonders aus den großen Städten, zog mit Tauschwaren bepackt zu den Bauern aufs Land, um Lebensmittel zu ergattern. Da zusätzliche Zugpaare nicht eingesetzt werden durften, waren die Personenwagen immer überfüllt. Allein in den Jahren 1946/47 wurden 274.000 bzw. über 350.000 Personen mit ihren zentnerschweren Traglasten befördert.

In den folgenden Jahren gestaltete sich der Betrieb durch die fortschreitende Abnutzung des rollenden Materials bei ständig wachsendem Güterverkehr immer schwieriger. Im Jahre 1953 wurde um Ostenwalde Erdöl gefördert, und der damit verbundene Abtransport des Rohöls in Kesselwagen machte der Bahn doch einiges zu schaffen. Die vier Loks wurden über Gebühr beansprucht, und es war dem Lokpersonal und den Mitarbeitern in der Werlter Reparaturwerkstatt zu danken, daß die Lok bis zuletzt im Jahre 1957 vollauf ihren Dienst geleistet hatten.

Am 14.8.1948 beging die Kleinbahn ihr 50jähriges Bestehen, jedoch konnte die Jubiläumsfeier erst am 21.8.1948 in Werlte stattfinden. Aus diesem Anlaß fand unter großer Teilnahme der Hümmlinger Bevölkerung eine Jubiläumssonderfahrt mit einem festlich geschmückten Sonderzug von Lathen nach Werlte statt mit einem anschließenden großen Fest in Werlte.

39 Rollwagen mit Lok „Sögel" und 00 Nr. 73 abfahrbereit in Lathen

40 VT 1 in Sögel am 30. Juni 1954

41 Am 24. Februar 1957 steht der Triebwagen abfahrbereit in Werlte

42 Güterzug in Sögel

Umbaupläne und Erweiterungen

Infolge der günstigen finanziellen Entwicklung der Kreisbahn in den Jahren nach der Eröffnung dachte man bald an einen weiteren Ausbau der Bahn; gleichzeitig tauchten im Hümmling weitere Bahnprojekte auf.

Um den nördlichen Teil des Hümmlings zu erschließen, entwarf man einen Plan über die Weiterführung der Bahn von Werlte über Harrenstätte nach Lorup. Der Minister für öffentliche Arbeiten stimmte schon mit Erlaß vom 19.7.1909 dem Weiterbau zu, wodurch die 10,6 km lange Strecke mit einer Spurweite von 750 mm als „nebenbahnähnliche Kleinbahn mit Lokomotivbetrieb für Personen und Güterverkehr" freigegeben wurde.

Auf Antrag der Kreisbahnkommission erarbeitete das Landesbauamt in Hannover am 20.3.1911 einen Kostenvoranschlag. Unter der Voraussetzung, daß die Gemeinden den Grund und Boden für Bahnanlagen kostenlos zur Verfügung stellen würden, erforderte der Bahnbau ein Anlagekapital von 219.000,- Mark. Bei einer voraussichtlichen jährlichen Einnahme von 25.000,- Mark sah der Kostenvoranschlag einen Überschuß von 3.800,- Mark vor. Da eine Verzinsung des Anlagekapitals auf der bereits vorhandenen Strecke Lathen - Werlte bei 5 % lag, hätte die Gesamtverzinsung bei etwa 4 % gelegen. Die Streckenverlängerung der Kreisbahn wäre also durchaus rentabel gewesen.

Es ist nicht erkennbar, warum dieses Vorhaben scheiterte. Die Gemeinde Werlte war jedoch zu dieser Zeit schon an einem anderen Projekt interessiert. Vielleicht lag es daran, daß die Gemeindeausschußmitglieder am 14.5.1911 eine unentgeltliche Abtretung von Grund und Boden für die Strecke Werlte - Harrenstätte - Lorup ablehnten und erst später in einer weiteren Versammlung am 24.5.1911 beschlossen, ein Viertel vom Wert des Bodens zu tragen.

Bei dem 2. Projekt handelte es sich um die Weiterführung der Strecke Lathen - Werlte nach Cloppenburg. Im Juli 1911 bewilligte der Gemeindeausschuß in Werlte die Kosten für den projektierten Bahnbau nach Cloppenburg. Im Herbst 1911 einigten sich die Gemeinden Werlte, Bockholt und Vrees über die Aufbringung der Kosten. Am 11.11.1911 wurde der Bürgermeister Breher aus Werlte zum Vorsitzenden der Kommission für den Bahnbau Cloppenburg - Peheim - Werlte gewählt und am 3.3.1912 trat der Ausschuß zur Fortsetzung der Bahnlinie zusammen. Auch dieser von der Gemeinde Werlte beabsichtigte Plan kam nicht zur Ausführung.

Neben diesen nur die Hümmlinger Kreisbahn betreffenden Plänen tauchten in der Zeit vor dem I. Weltkrieg noch andere

43 Streckenarbeiten fielen bei der Hümmlinger Kreisbahn Mitte der fünfziger Jahre vermehrt an.

44, 45 Betriebsausflug der Belegschaft der Hümmlinger Kreisbahn

weitgreifende Bahnprojekte auf. Im Jahr 1909 forderte der Bürgermeister Hetlage von Papenburg eine Bahnlinie Papenburg - Werlte - Löningen. Bei der am 21.11.1909 in Löningen stattgefundenen Sitzung nahm auch die Gemeinde Werlte, vertreten durch das Ausschußmitglied Notmann, teil. In den Jahren 1912/13 plante man eine direkte Verbindung des Osnabrücker Gebietes mit den Emshäfen. Diese Linie, die auch durch den Hümmling führen sollte, wurde mit „strategischer Notwendigkeit" begründet. Im Fall, daß feindliche Truppen in das Emsland kämen, sollte sie als Nachschublinie dienen. Der Beginn des I. Weltkrieges am 1.8.1914 machte allen Plänen ein Ende.

Nach dem Krieg griff man in Werlte den vorgenannten Plan wieder auf. Im Jahr 1919 fand eine Vorbesprechung statt, aber die beginnende wirtschaftliche Notlage und die rasch fortschreitende Inflation machten weitere Verhandlungen sinnlos. Erst nach Besserung der wirtschaftlichen Verhältnisse wurde die Diskussion über den Bahnbau wieder aufgenommen.

Am 14.1.1925 beschloß der Gemeinderat von Werlte, für den Ausbau der Kreisbahn bis zur Landesgrenze den Boden unentgeltlich abzugeben. Für diese rd. 3 km lange Strecke, durch die die Lücke zwischen dem Bahnhof Werlte und der Landesgrenze geschlossen worden wäre, war u.a. eine Haltestelle bei der Fabrik Scholübbers vorgesehen. Die Verbindung der Hümmlinger Kreisbahn mit der Klb. Cloppenburg - Landesgrenze beschäftigte sogar die Oldenburger Regierung. Aus einem Bericht in der Osnabrücker Volkszeitung vom 5.6.1924 ist zu entnehmen, daß einer der Abgeordneten folgende Anfrage an die Oldenburger Regierung richtete:
„Welche Schritte gedenkt die Regierung zu unternehmen, um den Ausbau des 3 km langen Verbindungsstücks Landesgrenze - Werlte und damit den Anschluß an die Klb. Cloppenburg - Landesgrenze an die Hümmlinger Kleinbahn zu bewältigen?"
Trotz allen guten Willens verhinderte der Länderpartikularismus die angestrebte Verbindung.

Im Jahre 1926 beschloß der Kreistag in Sögel, die Klb. Lathen - Werlte normalspurig auszubauen; ferner sollte die Verbindung von Werlte zur Landesgrenze hergestellt und Anschlußstrecken nach Börger und Lorup gebaut werden. Das Landeskleinbahnamt in Hannover stellte den Kostenanschlag und die Ertragsberechnung auf, die am 20.11.1926 fertiggestellt waren und am 13.9.1928 von der Reichsbahndirektion geprüft und geringfügig abgeändert wurden. Die Neubaukosten waren mit 2,8 Mio RM angesetzt worden, die Verzinsung betrug bei einem angenommenen Überschuß von 80.000,- RM rd. 3 %.

46 GmP abfahrbereit

Der Kreistag und die betroffenen Gemeinden beschäftigten sich weiterhin mit immer neuen Bahnprojekten. Aus einer Tageszeitung des Jahres 1927 war zu entnehmen, „daß eine harte Auseinandersetzung im Kreistag darüber entstanden sei, ob die Kreisbahn ihren bisherigen Weg von Sögel nach Lathen beibehalten oder ob sie von Sögel über Bersen und Stavern nach Meppen geführt werden sollte. Nach Beratung entschloß sich der Kreistag doch für die Beibehaltung der alten Linie".

Um den nördlichen Hümmling verkehrstechnisch zu erschließen, setzte man sich in Sögel für eine Schleifenbahn Sögel - Börger - Lorup - Werlte ein. Als dann in Lorup eine Bahn von Levinghausen über Sögel - Lorup nach Sedelsburg gefordert wurde, griff man diesen Plan auch in Sögel auf. Es entwickelte sich daraus dann das Problem der „Siedlerbahn", die Osnabrück über Recke - Haselünne - Sögel mit den Emshäfen Papenburg - Leer und durch einen anderen Zweig mit Ostfriesland verbinden und als Staatsbahn ausgebaut werden sollte.

47 Güterzug nach Werlte

Die Gemeinde Werlte hatte an diesem Projekt kein Interesse und stellte am 15.2.1927 beim Kreis den Antrag, den Ausbau in Normalspur voranzutreiben und sich für eine Weiterführung über Bockholte - Vrees einzusetzen. Die Verwirklichung dieses Plans machte aber eine Verlegung des Werlter Bahnhofs notwendig. Nach einer Ausarbeitung durch die Bahnverwaltung sollte der Bahnhof zur Sögelerstraße verlegt werden; hiergegen erhob die Gemeinde Werlte Einspruch, denn man wollte den Bahnhof möglichst nahe beim Dorf behalten. Wenn er nicht an der alten Stelle bleiben könne, so wurde argumentiert, sehe man ihn lieber mehr zur Loruperstraße hin verlegt.

Neben dem Ausbau der Kreisbahn war die Gemeinde an einem Plan interessiert, der in der Linienführung von Essen/Oldenburg ausging und mit dem Projekt der „Siedlerbahn" konkurrierte. Auf einer Versammlung in Werlte erörterte Bürgermeister Jäger aus Papenburg den Plan, Papenburg über Börgermoor, Börger - Lorup - Werlte - Lindern - Lastrup mit Essen/Oldenburg zu verbinden, ein Gedanke, der schon um die Jahrhundertwende die Gemüter

48, 49 Ein Teil der Belegschaft, mit Lokführer Stempen, ließ sich auf die „Platte" bannen

erregt hat. Man bildete eine Arbeitskommission, in die auch der Bürgermeister Plaggenborg gewählt wurde.

Unter den Befürwortern der durchgehenden Bahn von Osnabrück zu dem Emshäfen befand sich auch eine Gruppe, die die sogenannte „Siedlerbahn" von Lengerich über Herzlake - Holte - Werlte - Lorup - Papenburg geführt wissen wollte. Die Zeitungen aus dem Jahr 1927 berichten häufig über diesen Streit um die neue Bahnlinie. Im Vordergrund dieser Überlegungen stand die wirtschaftliche Erschließung und Entwicklung der berührenden Gebiete. Eine Eingabe von 37 Landwirten aus Lorup an den Minister für Landwirtschaft, Domänen und Forsten hatte folgenden Wortlaut:

„Die unterzeichneten Landwirte aus der Gemeinde Lorup, die zusammen 10.000 Morgen kultivierfähiges Ödland besitzen, wobei die von der Domäne beanspruchte Fläche von 5.000 Morgen nicht mitgerechnet ist, geben hiermit die Erklärung ab, daß sie innerhalb von 8 Jahren nach Eröffnung der beantragten Reichsbahnlinie Levinghausen - Sögel - Sedelsberg entweder selbst oder durch Pächter oder durch Siedler das vorhandene Ödland in Kultur bringen werden, was bei den heutigen Bahnverhältnissen ausgeschlossen ist. Euer Hochwohlgeborenen bitten wir Sie, nach Kräften den Bau der Reichsbahn Levinghausen - Sögel - Sedelsberg aus Mitteln des Arbeitsbeschaffungsprogramms befürworten und, wie bisher, für die Bereitstellung von Darlehen für die Kultivierung vom Hofe aus eintreten zu wollen."

Am 20.12.1927 fand wegen dieser Siedlerbahn in Osnabrück eine Versammlung statt. Der Landrat des Kr. Hümmling, Freiherr von Fürstenberg, trat für die Beibehaltung und den Ausbau der bestehenden Querbahnen ein. Auf eine Eingabe des Regierungspräsidenten von Osnabrück habe der Minister einen Erlaß herausgegeben, wonach das Projekt einer Bahnverbindung von Osnabrück zum Emsland zunächst zurückzustellen sei zugunsten der örtlichen Verkehrsinteressen des Kreises Hümmling. Es sei ausgeschlossen, daß der Kreis Hümmling die Kosten für die Siedlerbahn aufbringen könne, zumal dann die bisherige Kleinbahn pleite sei.

Trotz dieser Absage erschien im Januar 1928 noch ein weiterer Plan, wonach eine Bahn von Herlake über Lähden nach Waldhöfe (Schützenplatz von Waldhöfe und Ostenwalde) geführt werden sollte, die geteilt über Werlte - Lorup - Esterwegen - Westerhauderfehn nach Friesoythe und die andere Linie über Sögel - Börger nach Papenburg fahren sollte. Am 13.1.1928 beriet der Gemeinderat in Werlte über diesen Plan, der offensichtlich den Wünschen von Sögel und Werlte gerecht werden wollte. Der Gemeinderat von Werlte trug Bedenken gegen diese Streckenführung vor, weil dadurch die Kleinbahn nach Lathen aufgehoben würde und man keine Verbindung zur Hauptstrecke mehr hatte. Die Normalisierung der Kleinbahn (Umbau auf Normalspur) sei schon genehmigt. Man beschloß, unter keinen Umständen gegen die Normalisierung zu stimmen, wohl war man aber bereit, für die Strecke nach Lorup große Opfer zu bringen.

Der Landrat hielt sich ebenfalls an das Erreichbare. Er verlangte am 10.2.1928 von den Gemeinden die unentgeltliche Hergabe von Grund und Boden für den Bau der Kreisbahn auf Normalspur. Die Gemeinde Werlte gab am 17.2.1928 unter der Bedingung ihre Zustimmung, daß freiwerdendes Gelände der Gemeinde wieder zufalle.

Die vorgesetzten Behörden hatten es mit der Förderung dieses bereits genehmigten Projektes sicher nicht eilig. Aus den Archivunterlagen ist zu entnehmen, daß man beim Landtag und im Verkehrsausschuß des Reichstages den Antrag auf Bereitstellung von Mitteln zum Ausbau der Hümmlinger Kreisbahn stellen wollte.

Zurückblickend läßt sich wohl sagen, daß man in Berlin und Hannover in einer Zeit der beginnenden großen Arbeitslosigkeit, der Ermächtigungsgesetze etc. keine Zeit und kein Geld für die Bedürfnisse des Hümmlings hatte.

Allein die Bahnverwaltung verfolgte konsequent den Umbau der Bahn auf Normalspur. Da die schmalspurige Bahn mit ihren engen Bahnhöfen den aufkommenden Güterverkehr nicht mehr ordnungsgemäß bewältigen konnte, entschlossen sich der Kreis und die Hümmlinger Kreisbahn, bestimmte Vorarbeiten für einen Umbau auf Normalspur zu leisten und die Bahnhofsanlagen zu erweitern.

Mit eigenen Mitteln bzw. aus den Betriebsüberschüssen konnte daher schon von 1926 - 1929 ein rd. 13 km langes Streckenstück im Oberbau für den Normalspurausbau vorbereitet werden. Die Schwellen waren für ein Normalspurgleis vorgesehen, die Schienen hingegen wurden jedoch unverändert auf eine Spurweite von 750 mm verlegt, so daß bei einer Umbaugenehmigung die Umstellung von Schmalspur auf Normalspur schneller hätte durchgeführt werden können. Neben Normalspurschwellen wurde auch Schienenmaterial der Form 6 und S 49 verlegt.

Die Arbeiten mußten alsbald wieder eingestellt werden, da in den folgenden Jahren, bedingt durch die wirtschaftliche Entwicklung in Deutschland, auch bei der Hümmlinger Kreisbahn wesentliche Betriebsüberschüsse nicht mehr erzielt wurden. Um existenzfähig zu bleiben, wurden u.a. die Tarife ermäßigt sowie ein Stückgutverkehr und ein Omnibusverkehr eingerichtet. Trotz aller Anstrengungen - so weist die Statistik aus - ging die Leistung der Bahn zurück. Die zu Beginn des II. Weltkrieges wieder aufgenommenen Umspurungsarbeiten mußten im Jahr 1942/43 wegen der bevorzugten Personal- und Materialanforderungen durch die Kriegsereignisse erneut eingestellt werden.

Bremer Zeitung vom 2. Juli 1937.

„Sie konnten zusammen nicht kommen..."

Was wir am Wege fanden

Wir kamen aus dem Hümmling und wollten nach Hause. Ganz ruhig weg rollten wir die Straße von Sögel nach Werlte hin. Ein prächtiger Sommertag mit einigen Gewitterschauern ging zu Ende. Er hatte uns allerlei Schönes am Wege finden lassen. Jetzt schenkte uns der Abend mit dem Sonnenuntergang noch ein prächtiges Farbenspiel in den Wolken. In tiefer Einsamkeit lag das Teifen-Meer, und hinter seinem Westufer bollwerkte schwarz und schweigend die große Wald am Horizont, der den sinnigen Namen „Glodenschlag" führt. Über dem vielspitzigen Waldrand wölbte sich in lodernder Glut ein Abendhimmel, in dem die Sonne wie eine große Scheibe schwamm. In reichem Farbenspiel wechselte die Stimmung bis zum tiefen Violett, als wir uns endlich losrissen und nun weiter, begleitet von der Hümmlinger Kreisbahn, dem preußischen Grenzort Werlte zufuhren. Am Westausgang von Werlte liegt der Bahnhof Werlte. Bei ihm endete auch die Eisenbahn. Da wir uns auf der Karte über unsere Weiterfahrt unterrichteten, stellten wir zuerst ungläubig, dann aber doch sicher fest, daß in etwa fünf Kilometer Entfernung die oldenburgische Eisenbahn an der oldenburgischen Landesgrenze begann oder aufhörte, je nachdem, wie man es ansicht. Wir mußten dann diese Angelegenheit in der rauhen Wirklichkeit untersucht und die Feststellung machen müssen, daß die Karte stimmte. Zwischen den beiden Bahnhöfen Werlte und Landesgrenze — so heißt amtlich der Bahnhof im Oldenburgischen — klafft eine fünf Kilometer lange Lücke. Es ist in früheren, für uns schon so weit zurückliegenden Zeiten nicht möglich gewesen, die Landesgrenzen zu überbrücken. Der königlich preußische Amtsschimmel hat dafür gesorgt, daß die Verbindung mit Oldenburg nicht zu eng und die Landesgrenze gebührend respektiert wurde, damit die beiderseitigen Fahrgäste auch in den Genuß körperlicher Bewegung kamen, wenn sie mit der einen oder andern Bahn weiterfahren wollten. Nebenbei konnten sie sich dann auch überzeugen, daß die Straße und die Bahn sich in diesem ebenen Gelände genau so gut vertragen hätten, wie vor Werlte oder hinter der oldenburgischen Landesgrenze. Wie schon gesagt, „sie konnten zusammen nicht kommen", die Entfernung war viel zu groß. Uns ist die frische Luft unserer Tage viel lieber als der Aktenstaub aus verblichener Zeit. Der Kleinstaaterei, daher suchen wir auch nicht nach den Gründen, die den damals wirtschaftlich sicher vorteilhaften Zusammenschluß der beiden Eisenbahnen verhindert haben. Die Zeit ist über diesen Zustand hinweggerollt. Heute dürfte die Verbindung im Zeitalter des Kraftverkehrs weniger notwendig sein. Im übrigen wird wohl mal einer kommen, der die Gründe von damals weiß, und dann werden wir sie unsern Lesern nicht vorenthalten.

Heute sieht man nichts mehr von der Landesgrenze an beiden Seiten, nur die Eisenbahnen künden von damaligen Zuständen, die heute nicht mehr möglich wären. Unser Zeichner, dem wir diesen Fall erzählten, machte daraus eine Skizze, die eigentlich alles weitere sagt. Heute sind überall Hände und Hirne am Werke, das Emsland und den Hümmling zu erschließen. Die schlechten Straßen sind auch schon etwas besser geworden. Überall wird gebaut, und im leichten Sommerwind wiegt sich das Korn. Breit lagern sich die Höfe in der Landschaft, und wo sonst der Schrei des Kiebitz' über der Einsamkeit scholl, da werken der Arbeitsmann und der Siedler, um neues Land der Ernährung des Volkes zu erschließen. Überall dort aber, wo die Schönheit der Natur oder die Stätten der Vorzeit es erfordern, schützt der Staat das „Fürsteenland", damit Kind und Kindeskinder sich daran erfreuen. Unendlich reich ist unsere Heimat, der Gau Weser-Ems, und Schönes und Starkes liegt an den Wegen und Straßen, aber auch manches sonderbare Ding aus vergangenen Zeiten findet der Wanderer, der Augen hat zu sehen.

H. G.

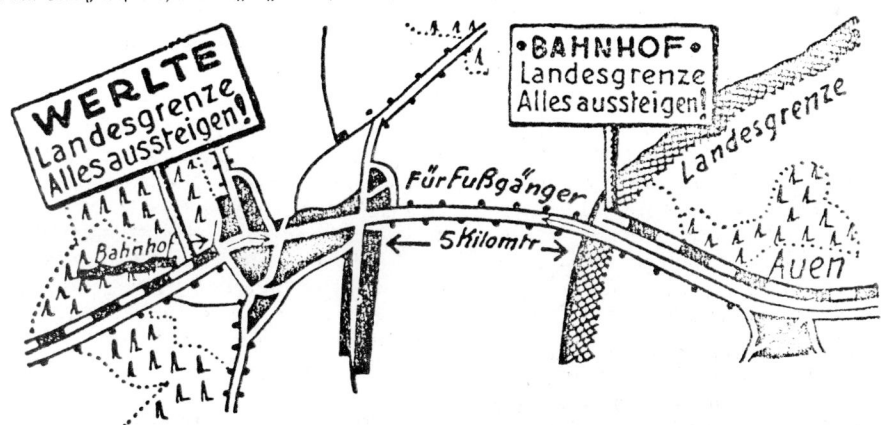

Auszug aus der Bremer Zeitung vom 2. Juli 1937

51 Lok „Sögel" mit GmP nach Lathen in Rupennest

Nach dem II. Weltkrieg war man weiter bemüht, die erstrebte Normalisierung der Bahn durchzuführen, da man eine Normalspurbahn besser und billiger betreiben konnte als eine kostspielige Schmalspurbahn.

In erster Linie lag der Grund in den hohen Kosten für das Umladen der Güter von den Regelspurwagen auf die Schmalspurwagen und umgekehrt. Auch durch den eingeführten Rollwagenverkehr, der es ermöglichte, Regelspurwagen auf die schmalspurige Strecke übergehen zu lassen, konnte auf das Umladen der Güter nur bei einem Bruchteil der Ladung verzichtet werden. Ein großer Teil der zu befördernden Güter mußte nach wie vor umgeladen werden.

Wirtschaftliche Gründe und Beachtung der Verkehrssicherheit auf Schiene und Straße machten zwangsläufig den Streckenumbau erforderlich. Dies traf besonders für die Orte Lathen, Sögel und Werlte zu, wo die Bahn vielfach auf dem Straßenkörper zwischen der Fahrbahn und den Wohnhäusern lag und die Anwohner gezwungen waren, beim Verlassen ihrer Häuser die Bahn zu überschreiten. Hier war der Umbau der Kreisbahn unumgänglich.

Von Seiten des Kreises wurde angestrebt, im Rahmen des 10-Jahres-Emslandprogramms einen Umbau von Schmalspur auf Normalspur durchzuführen und auch geplant, die Strecke Werlte (Landesgrenze) - Cloppenburg umzubauen.

In einer Sitzung am 26.1.1951 in Sögel unter Beteiligung der maßgebenden Körperschaften, des Geschäftsführers der Emsland-GmbH, der Niedersächsischen Landesregierung, des Regierungspräsidenten in Osnabrück, des Bevollmächtigten für Bahnaufsicht in Münster, der Kreisbehörden und des Kreisbahnausschusses wurde der einstimmige Beschluß gefaßt, den Umbau der Kreisbahn von Lathen nach Werlte nach Bereitstellung der Mittel in Höhe von 3,5 Mio DM durch die Bundesregierung durchzuführen.

Für die Planung waren folgende Gesichtspunkte maßgebend:

1. Auf den für Regelspuroberbau vorbereiteten Streckenabschnitten muß die vorhandene Linienführung möglichst beibehalten werden.

2. Der Bahnhof Sögel soll aus dem Ortskern herausgenommen werden.
3. Die Einführung der Züge in den Bahnhof Lathen ist möglichst zügig zu gestalten, die Personenzüge sind an die Bahnsteige der DB heranzuführen.
4. Die Bahnlinie muß weitestgehend vom Straßenkörper abgerückt werden.
5. Für Grubenholzlagerung ist genügend Lagerraum vorzuhalten.
6. Der Bahnhof Ostenwalde muß mit Rücksicht auf das Ölaufkommen erweitert und mit Ölverladegleisen ausgestattet werden.

Die Planfeststellung und Genehmigung des Bauvorhabens „Erstes Drittel des Neubaus Teilabschnitt Werlte" wurde mit Urkunde vom 12.3.1951 vom Regierungspräsidenten in Osnabrück im Einvernehmen mit dem Bevollmächtigten für Bahnaufsicht in Münster erteilt.

Aber es sollte noch einige Jahre dauern, bis der Umbau auf

52 Der erste Kesselwagen fährt nach Lathen

Als der „Pingel-Anton" am 4.7.1957 zum letzten Mal um 14 Uhr den Bahnhof Werlte in Richtung Lathen verließ, starb mit ihm ein Stück der Geschichte des Hümmlings und auch der Kreisbahn.

Auf einigen Streckenabschnitten wurde sofort mit der Umnagelung auf Normalspur unter Beibehaltung des Bahnkörpers begonnen. Am 8.7.1957 konnte der erste Zug auf Normalspurgleisen die Fahrt von Lathen nach Ostenwalde antreten. Bis zur endgültigen Umstellung mußte von Ostenwalde der Güterverkehr nach Werlte auf Schmalspurgleisen mit Rollwagen bzw. der Personenverkehr mit Omnibussen abgewickelt werden. Am 13.11.1957 konnte dann der Regelspurbetrieb auf der ganzen Strecke von Lathen nach Werlte aufgenommen werden.

53-56 50-Jahre Hümmlinger Kreisbahn - Ein Volksfest für Jung und Alt

Normalspur durchgeführt werden konnte. Nach vierjährigen Verhandlungen ist 1955 eine Einigung über die Finanzierungsfragen erzielt worden. Die Mittel für den Umbau wurden als unkündbares Darlehen gewährt. Von den Baukosten trug der Bund durch die Emsland-GmbH 75 v.H. und das Land Niedersachsen 25 v.H. In dem Finanzierungsvertrag vom 23.5.1955 verpflichtete sich der Landkreis Aschendorf-Hümmling, die Bahn innerhalb von drei Jahren normalspurig auszubauen.

Mit den Arbeiten hat man im Herbst 1955 auf dem Streckenabschnitt Sögel - Ostenwalde begonnen. Neue Gleisabschnitte wurden bei Wahn und Sögel sowie bei Lathen - südliche Einfahrt in den DB-Bahnhof Lathen - geschaffen.

50jährige Jubelfeier der Hümmlinger Kreisbahn

Die Hümmlinger Kreisbahn hatte anläßlich ihres 50jährigen Bestehens am Sonnabend zu einer Jubiläumsfeier nach Werlte geladen. Wie anno dazumal wurden wiederum die Gäste in Lathen feierlich empfangen. Daselbst wurde ihnen zur Stärkung eine Erbsensuppe geboten, die Damen erhielten ein Glas Wein, die Herren ein Schnäpschen. Um 15,30 Uhr fuhr der bekränzte Extrazug unter den Klängen der Musik „Muß ich denn, muß ich denn zum Städtle hinaus" in Richtung Werlte ab. Mit kurzen Aufenthalten auf allen Haltestellen war eine längere Unterbrechung in Waldhöfe, wo ein Picknick angesetzt war. Fahrplanmäßig rollte der vollbesetzte Extrazug 18,00 Uhr in Werlte ein, wo sich die Gäste zum Festlokal begaben. Es dürften annähernd 400 Personen gewesen sein, die den Saal füllten.

Landrat Heermann begrüßte in seiner Eröffnungsrede die zahlreichen Gäste, insbesondere von der Reichsbahndirektion Münster die Herren Abteilungspräsident Schleifenheimer und Reichsbahnoberrat Dr. Ottmann, die Herren vom Betriebsamt Rheine, dem Verkehrsamt Emden, die Vertreter der Kreisbahnen, die Kreisbahnkommission des Landkreises sowie die geistlichen Herren Pastor Wolters, Sögel und Pastor Windus, Werlte. Im Verlauf seiner Rede wies Landrat Heermann auf die Bedeutung und Notwendigkeit der Kreisbahn hin. Dank der Tatkraft des damaligen Landrats Peus sei die Kreisbahn gebaut und nicht mehr vom Hümmling wegzudenken. Die Bahn sei und bleibe die Wirtschaftsader des Hümmlings. Wenn man einen Ausblick auf die nächsten 25 Jahre tun dürfe, so sei es das Streben des Kreises Aschendorf-Hümmling, die Verbindung von Werlte bis Landesgrenze und die Normalisierung des Schienennetzes durchzuführen. Zum Schluß sprach der Landrat der Direktion u. Belegschaft den Dank aus für die geleistete Arbeit.

Im Mittelpunkt der Jubiläumsfeier stand die Rede des Leiters der Hümmlinger Kreisbahn, de Brun, der ein Bild über die Entwicklung der Bahn gab. 50 Jahre Hümmlinger Kreisbahn. Die Bahn steht in der größten Finanznot seit ihrem Bestehen. Die Abhaltung des Festes ist nur möglich gewesen durch die Finanzierung der Großkundschaft der Bahn. Bei einem solchen Familiengeiste, der den Hümmling mit der Kreisbahn verbindet, lautet die Parole: Eisern weiter. Am 29. Februar 1896 wurde vom Kreistag des Kreises Hümmling der Bau der Bahn beschlossen und dem Landesdirektorium der Kostenanschlag nebst Rentabilitätsberechnung vorgelegt. Von dem Bau einer Normalspurbahn mußte Abstand genommen werden, da die Kosten einer 75er Schmalspurbahn um die Hälfte betrugen. Der Kostenanschlag sah eine Summe von 470 000 RM. vor, die sich nach Fertigstellung um 30 000 RM. niedriger stellte. Die Verzinsung war mit 2,77 Proz. angesetzt, der Reingewinn pro Jahr mit 837 RM. vorgesehen. Beteiligt an dem Projekt waren der preußische Staat, die Provinz Hannover, der Herzog von Arenberg-Meppen, der Kreis Hümmling und die Gemeinde Lathen. Am 14. August 1898 konnte zur Freude der Hümmlinger Bevölkerung die Bahn eröffnet werden. Die Länge der Bahn beträgt 27 Kilometer von Lathen über Sögel nach Werlte. Bereits nach drei Monaten war die Anlage mit 2,8 Proz. verzinst und der Verkehr stieg im Laufe der Zeit um das Dreifache. Infolgedessen wurde der Gedanke der Normalisierung erneut aufgegriffen, sodaß bis 1929 aus eigener Mitteln der Bahn 13 km in Normalspur eingebaut waren, wenngleich die 75er Spur, um eine Betriebsunterbrechung zu vermeiden, bestehen blieb. Nach 1929 war ein derartiger Verkehrsrückgang zu verzeichnen, daß die Normalisierung zurückgestellt wurde. Um existenzfähig zu bleiben, wurden der Tarif ermäßigt, Stückgutverkehr eingerichtet und sogar ein Omnibusbetrieb eröffnet. 1934 wurde der Omnibus von einem Triebwagen abgelöst. Außerdem wurden 6 Rollwagen beschafft, auf denen die Wagen der Reichsbahn direkt an den Bestimmungsort gebracht werden, wodurch die zeitraubende Umladerei am Reichsbahnhof Lathen wegfällt. Heute versorgt die Bahn 21 Gemeinden mit 29 000 ha Landwirtschaft. Wenn auch die Bahn durch die Währungsreform eine halbe Million verloren hat, so wird die augenblickliche Misere überwunden u. das Bauplanvorhaben mit äußerster Energie vorwärts getrieben. Eiserne Tatkraft und Gottvertrauen werden uns und der Hümmlinger Familie helfen.

Darauf begann das Festessen. Anschließend spielte die Kapelle zum Tanz auf.

Der „Pingelanton" prustet durch das Hümmlinger Land
Aufnahme: Lagemann

57 Hafen Lathen

58a GmP in Lathen

58b Der „Dessauer" in Lathen

59 Personenzug in Lathen

Betriebsmittel

Während des über 50 Jahre bestehenden Schmalspurbetriebes der Hümmlinger Kreisbahn gab es einen umfangreichen Fahrzeugpark.

Die Betriebsaufnahme erfolgte bei einem zunächst bescheidenen Verkehrsaufkommen mit zwei zweifach gekuppelten Tenderlokomotiven. Diese Maschinen wurden von der Fa. Hohenzollern AG in Düsseldorf im Jahre 1898 unter den Fabrik-Nrn. 1115 und 1116 zu einem Preis von 13.000,- Mark je Stück geliefert. Die sehr gedrungene Bauart hatte einen Radstand von 1.450 mm und einen Raddurchmesser von 800 mm. Das Dienstgewicht betrug 10 t; die Leistung der Maschinen lag bei je 55 PS. Die Lokomotiven erhielten, wie es bei Kleinbahnen sehr häufig vorkam, Namen von Orten, die im Bereich der Hümmlinger Kreisbahn lagen, und zwar die Namen „Werlte" und „Sögel". Wegen der Feuergefahr durch Funkenflug waren die Loks u.a. mit einem Funkenfänger und einer dicht abschließenden Aschenklappe ausgerüstet.

60 Die Kreuzung mit der Strecke der DR ist signalgesichert

Infolge des gestiegenen Personenverkehrs wurde vor dem I. Weltkrieg eine weitere Lok angeschafft, sie erhielt den Namen „Wahn". Es war ebenfalls eine zweifach gekuppelte Tenderlok von der Fa. Hohenzollern AG, die im Jahre 1903 unter der Fabr.-Nr. 1620 hergestellt worden war.

Die vierte Lok war eine von der Fa. Hanomag im Jahre 1909 unter der Fabr.-Nr. 5628 hergestellte Tenderlok der Bauart Cn2t mit einem Außenrahmen. Die Radsätze hatten einen Durchmesser von 720 mm. Die Leistung der Lok lag bei 70 PS. Auffallendes Merkmal der Lok war der Einbau eines Schieberegulators auf dem Führerstand. Die Lok trug den Namen „Hümmling".

Im Jahre 1920 wurden von der Fa. O & K zwei weitere Tenderloks erworben mit den Fabr.-Nrn. 9101 und 9102 - Baujahr 1919. Die Leistung der Loks lag bei 90 PS, das Dienstgewicht betrug 16 t. Die Radsätze hatten einen Durchmesser von 800 mm. Die Loks erhielten den Namen „Sögel II" und „Werlte II". Letztlich wurde im Jahre 1922 von der Fa. O & K unter der Fabr.-Nr. 9686 ebenfalls eine Tenderlok der Bauart Cn2t gekauft. Die Leistung der Lok betrug 90 PS; sie hatte den Namen „Wahn II".

Die Betriebsleitung entschloß sich im Jahre 1937 zum Ankauf einer gebrauchten Lok, die insbesondere für Güterzüge eingesetzt werden sollte. Auf ein Inserat im Anzeiger für Berg-, Hütten- und Maschinenwesen bot die Fa. O & K der Hümmlinger Kreisbahn eine gebrauchte Tenderlok zu einem Preis von 3.800,- RM an. Es war eine Lok der damaligen Klb. Schlawe - Pollnau - Sydow (Spurweite

61 Die Niveaukreuzung in Lathen zum Emshafen

750 mm). Diese Lok ist im Jahre 1909 von der Fa. Hanomag - Fabr.-Nr. 5433 - gebaut worden und hatte eine Leistung von 125 PS. Die Lok stand bei der Schlawer Klb. schon einige Zeit im Lokschuppen. Nach Besichtigung durch den Betriebsleiter wurde die Lok dann zu einem Preis von 3.500,- RM angekauft und auf der Hümmlinger Kreisbahn ausschließlich für den Güterverkehr eingesetzt und erhielt die Betr.-Nr. „7".

Da mit dem relativ veralteten Fahrzeugpark der Kreisbahn die notwendigen Transportleistungen nicht mehr zu bewältigen waren, entschloß sich die Betriebsleitung Anfang 1940 zum Ankauf einer stärkeren Lok. Auf eine Anzeige meldete sich eine Fa. Erasmus in Aachen und bot der Hümmlinger Kreisbahn zwei Maschinen der Bauart Dh2 mit Tender an, die von der Fa. Ducroo & Brauns in Amsterdam gebaut worden waren. Die Maschinen konnten infolge der Kriegsereignisse nicht nach Sumatra für eine Zuckerfabrik mit einem umfangreichen 700 mm Streckennetz ausgeliefert werden.

Herr Erasmus hoffte, die beiden Maschinen mit der Fabr.-Nr. 240 und 259 mit Gewinn an die Hümmlinger Kreisbahn verkaufen zu können. Es folgte eine umfangreiche Korrespondenz zwischen der Betriebsleitung und Herrn Erasmus. Die Hümmlinger Kreisbahn war nur bereit, eine der Loks zu kaufen. Beide Loks standen Anfang 1940 im Bahnhof Speckholzerheide. Nach eingehender Besichtigung der Loks entschloß man sich doch, beide Loks anzukaufen.

Die damalige Reichsstelle für technische Erzeugnisse erteilte am 26.6.1940 eine Unbedenklichkeitsbescheinigung und genehmigte damit den Ankauf der beiden Loks aus den Niederlanden zu einem Kaufpreis von 19.000,- RM pro Lok. Diese Dienststelle überwachte u.a. den Ankauf von technischen Erzeugnissen in den von deutschen Truppen besetzten Gebieten.

Die Verkaufsverhandlungen zogen sich aber weiter hin. Man einigte sich dann schließlich zum Kauf der beiden Loks zu einem Stückpreis von 14.000,- RM; die Fa. Erasmus erhielt als Vermittler eine Provision.

Am 27.1.1941 wurde die Lok mit der Fabr. Nr. 240 vom Reichsbahnbevollmächtigten für Bahnaufsicht abgenommen und die Geschwindigkeit der Lok auf 25 km/h festgesetzt. Die Lok erhielt den Namen „Hümmling". Anfang 1942 konnte die zweite Lok mit der Fabr.-Nr. 259 an die Fa. Teich in Solingen zum gleichen Preis wieder verkauft werden, die dann an die Bong'schen Mahlwerke in Süchteln, Nebenwerk Mainfeld in Hessen, ausgeliefert wurde.

Nach dem II. Weltkrieg gab es wegen des Ankaufs dieser Loks wieder umfangreiche Korrespondenz. Die Hümmlinger Kreisbahn mußte gegenüber den Militärbehörden nachweisen, daß die Loks rechtmäßig erworben und nicht im Jahre 1940 durch deutsche Dienststellen beschlagnahmt worden waren.

Die besonderen Merkmale der Lok waren der Außenrahmen und der hochliegende Kessel. Die letzte Achse der Lok war als Klien-Lindner-Hohlachse ausgeführt und befand sich unter dem Führerhaus. Die Scherenführung lag so ungünstig, daß Asche bzw. Schlacke in der Schere liegenblieb, was sehr häufig zu Betriebsstörungen führte. Die Radsätze hatten einen Durchmesser von 700 mm. Die Leistung der Lok „Hümmling II" betrug 100 PS.

Im Jahre 1941 verkaufte die Hümmlinger Kreisbahn zwei Loks an die Fa. Teich in Solingen, und zwar die Lok „Wahn II" zu einem Preis von 18.000,- RM und die Lok „Hümmling" zu einem Preis von 22.000,- RM.

Durch den Verkauf der beiden Loks kam die Kleinbahn in arge Bedrängnis, da - wie auch aus der Verkehrsstatistik ersichtlich - ab 1941 ein erheblicher Anstieg sowohl im Personenverkehr als auch im Güterverkehr zu verzeichnen war. Somit standen in den Kriegsjahren mehr oder weniger täglich nur drei Loks zur Verfügung, und zwar die Lok „Werlte II", „Sögel II" und Lok „Nr. 7" sowie - bedingt einsatzfähig - die Lok „Hümmling II".

Die Betriebsleitung suchte daher schnellstens nach Abhilfe und fand in der Fa. Teich aus Solingen aufgrund von Suchanzeigen den Helfer in der Not. Sie bot eine gebrauchte dreiachsige Tenderlok mit einer Spurweite von 785 mm an. Die Lok war von der Fa. O & K im Jahre 1912 unter der Betr.-Nr. 5388 gebaut und an die Oberschlesische Zinkhütten AG. Rosamundehütte, geliefert worden. Die Lok hat der Betriebsleitung nur Ärger bereitet. Erst 1944 konnte die Lok nach den durchgeführten Umspurungsarbeiten nur versuchsweise in Betrieb genommen werden, sie bewährte sich jedoch in keiner Weise. Aufgrund ständigen Ersatzteilmangels stand die Lok in Werlte und kam dann im Jahre 1947 zur Hauptuntersuchung zur Fa. Bahnbedarf GmbH in Köln/Mülheim. Die fällige Untersuchung und Reparatur wurde aber nicht ganz durchgeführt und die Lok bald an die Fa. Ardsen, Kassel, verkauft.

Im Jahre 1947 erwarb die Kreisbahn zwei C-gekuppelte Schlepptenderloks der ehemaligen Heeresfeldbahn. Eine der Loks wurde bei der Cloppenburger Kreisbahn eingesetzt, die andere verblieb bei der Hümmlinger Kreisbahn. Die letzten noch betriebsbereiten schmalspurigen Schlepptenderloks der gleichen Bauart befinden sich fahrbereit u.a. bei der Dampfkleinbahn Mühlenstroth bei Gütersloh (umgespurt auf 600 mm - ex 99 4652) und bei der Museumsbahn

62, 63 Die Entwicklung hat auch bei der Hümmlinger Kreisbahn nicht Halt gemacht. Lokomotive „Lathen" und der „Dessauer"-Triebwagen VT 1.

Verzeichnis der Lokomotiven

Name	Bauart	Hersteller	Baujahr	Fabr.-Nr.	Dienstgewicht	Bemerkungen
Werlte	Bn2t	Hohenzollern	1898	1115	10 t	
Sögel	Bn2t	Hohenzollern	1898	1116	10 t	
Wahn	Bn2t	Hohenzollern	1903	1620		
Hümmling	Cn2t	Hanomag	1909	5628		Außenrahmen verk. 1941
7	Cln2t	Hanomag	1909	5433	21 t	ex. Schlawe-Poliner-Sydow Klb.
Wahn III	Cn2t	O & K	1912	5388		
Werlte II	Cn2t	O & K	1919	9101	16 t	
Sögel II	Cn2t	O & K	1919	9102	16 t	
Wahn II	Cn2t	O & K	1922	9686	16 t	verk. 1941
Hümmling	Dh2	Ducro & Brauns	1937	240	18,4 t	Außenrahmen und 2 achs. Tender
Lathen	Ch2	Henschel	1942	25332	17 t	Außenrahmen und 2 achs. Tender

Auszug aus: Unser Hümmling, 3. Jg. No. 79 vom 3. August 1948

64 Lok „Sögel" und Lok „Lathen" im BW Werlte am 11.8.1952

65 Lok „Lathen" mit Güterzug; im Vordergrund Lok „Werlte"

66 Lok „7" beim Wasserfassen am 11.8.1962 in Lathen

Lokomotivverzeichnis

Technische Daten	Werlte	Sögel	Wahn	Hümmling	7	Wahn III
Hersteller	Hohenzollern	Hohenzollern	Hohenzollern	Hanomag	Hanomag	O & K
Fabrik-Nr.	1115	1116	1620	5628	5433	5388
Baujahr	1898	1898	1903	1909	1909	1912
Leistung (PS)	55	55		70	125	100
Zahl der Achsen	2	2	2	3	3/4	
Zahl der gekuppelten Achsen	2	2	2	3	3	
Zylinderdurchmesser	200	200		270	285	
Kolbenhub	350	350		340	370	
Raddurchmesser	800	800		720	750/650	
Gesamt-Radstand	1450	1450		1800	3450	
Heizfläche m^2	20,0	20,0		30,5	36,8	
Rostfläche m^2	0,38	0,38		0,60	0,73	
Dampfdruck atm.	13	13		12	12	
Wasservorrat m^3	1,5	1,5				
Leergewicht (to)					15	
Dienstgewicht (to)	10	10			21	

67   Lok „Sögel" am 23.7.1956 in Werlte

Technische Daten	Werlte II	Sögel II	Wahn II	Hümmling	Lathen
Hersteller	O & K	O & K	O & K	Ducro & Brauns	Henschel
Fabrik-Nr.	9101	9102	9686	240	25 332
Baujahr	1919	1919	1922	1937	1942
Leistung (PS)	90	90	90	100	110
Zahl der Achsen	3	3	3	4	3
Zahl der gekuppelten Achsen	3	3	3	4	3
Zylinderdurchmesser	270	270	270	300	300
Kolbenhub	400	400	400	350	350
Raddurchmesser	800	800	800	700	700
Gesamt-Radstand	1800	1800	1800		1800
Heizfläche m^2	29,0	29,0	28,8	36,6	30,0
Rostfläche m^2	0,86	0,86	0,86	1,5	0,73
Dampfdruck atm.	12	12	12	12	13
Wasservorrat m^3	2	2	2		6,6
Leergewicht (to)	12,5	12,5	12,5	17,2 m.T.	14,5 m.T.
Dienstgewicht (to)	16,0	16,0	16,0	18,4 m.T.	17,0 m.T.

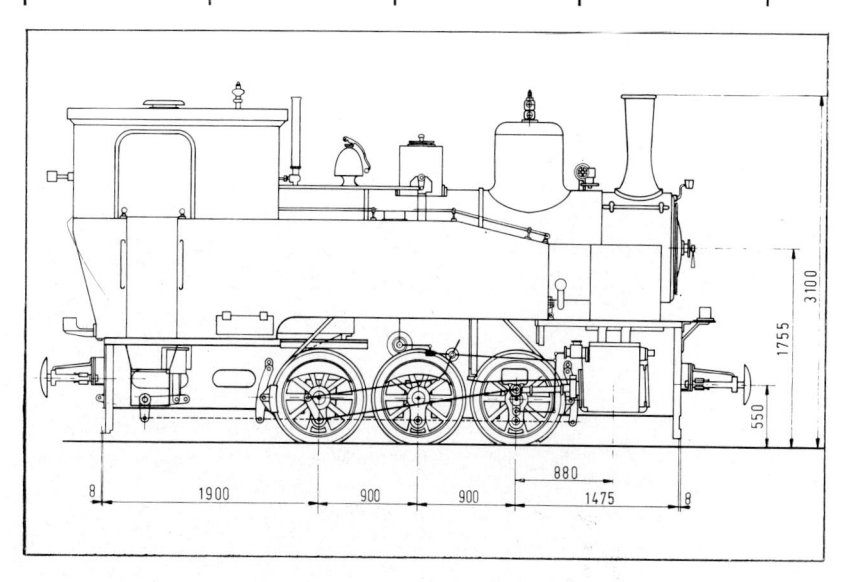

68 Übersichtszeichnung Lok „Werlte"

69, 70 Lok „Hümmling II" in Werlte

Triebwagen

Betr.-Nr.	Bauart	Hersteller	Baujahr	Fabr.-Nr.	Bemerkungen
1	VT^4	Waggonfabrik Dessau	1934	112/3055	Verkauft 1957 an Klb. Osterode - Kreiensen

71 Schlepptenderlok „Lathen" in Werlte

72 Lokomotiven „Werlte", „Sögel" und „7" in Werlte

73 Lokomotive „Hümmling I" vor einem Rollwagenzug

Abreschviller - Grand Soldat in Ostfrankreich in der Nähe von Straßburg (umgespurt auf 700 mm).

Die Baureihe dieser Loks war u.a. für eine Spurweite von 600/700 mm vorgesehen und wurde im Rahmen der Serie Nr. 25 322 - 25 361 an das ehemalige Oberkommando des Heeres, Waffenamt I, Rüstung 5, ausgeliefert. Über die Eisenbahndirektion Münster hat man die Loks nach dem Krieg den beiden Kreisbahnen zugeteilt.

Die bei der Hümmlinger Kreisbahn verbliebene Lok war im Jahr 1942 von der Fa. Henschel in Kassel gebaut worden und hatte die Fabr.-Nr. 25 332. Die Gesamtlänge der Lok einschließlich Tender betrug 9098 mm, das Gesamtgewicht lag bei 17 t. Die Höchstgeschwindigkeit war mit 25 km/h festgesetzt worden. Die Radsätze hatten einen Durchmesser von 700 mm. Zu den baulichen Besonderheiten zählten der Außenrahmen und die Gegenkurbeln. Die Heusingersteuerung wirkte auf Kolbenschieber. Neben der Wurfhebelbremse hatte die Lok auch eine Dampfbremse. Der Tender konnte 6 m³ Kohlen fassen. Die Leistung der Lok lag bei 110 PS.

Zur Ergänzung des Schienenverkehrs besaß die Kreisbahn seit 1933 einen Straßenomnibus sowie einen LKW von 2,5 t mit Anhänger. Der Fahrzeugpark wurde in den Jahren 1937/38 und 1940/41 durch weiteres Fahrzeugmaterial ergänzt.

Erst nach dem II. Weltkrieg sind durch die Einrichtung eines Omnibuslinienverkehrs von Werlte nach Papenburg - Aschendorf im Mai 1946 über den östlichen Hümmling hinaus Dörfer verkehrsmäßig erschlossen worden, die bis zu dieser Zeit noch über keinen planmäßigen Personenverkehr verfügten.

Der Personenverkehr entwickelte sich Ende der 20er und Anfang der 30er Jahre nicht günstig. Der Fahrzeugpark war veraltet, die Geschwindigkeit der Züge viel zu gering und mit nur zwei Zugverbindungen pro Tag zwischen Werlte und Lathen auch nicht attraktiv genug. Daher beabsichtigte die Betriebsleitung der Hümmlinger Kreisbahn im Jahr 1933 einen Triebwagen in eigener Regie zu bauen, um den bis dahin stagnierenden Personenverkehr wieder zu beleben.

Der damalige Betriebs-Ing. Schürmann entwarf einen

74 Der erste Omnibus der Hümmlinger Kreisbahn

schmalspurigen 4-achs. Triebwagen mit einer Diesel-Motor-Leistung von 60 PS und einem Platzangebot für 50 Personen. Vorgesehen war, das Fahrwerk einschließlich Motorantrieb durch die Fa. Triebwagen AG in Berlin (TAG) und den Wagenkasten und die Einrichtungen in den eigenen Werkstätten zu bauen; den Bauplänen stimmte sogar die RD Münster - Preußische Kleinbahn-Aufsicht zu.

Letztlich entschloß man sich doch, der Dessauer Waggonfabrik den Auftrag zum Bau eines Triebwagens unter Berücksichtung des Entwurfs der Hümmlinger Kreisbahn zu übertragen.

Im Jahre 1934 lieferte die Firma einen 4-achs.-Verbrennungstriebwagen mit einem 6-Zylinder-Deutz-Diesel-Mosch-Motor, Typ F 6 M 313, und einer Leistung von 75 PS bei einer Drehzahl von 1.500 U/min. Der Triebwagen besaß eine mechanische Kraftübertragung, ein Mylius-Wechsel- und Wendegetriebe. Der VT hatte ein Platzangebot für 50 Personen (33 Sitz- und 17 Stehplätze). Die Geschwindigkeit war zunächst mit 40 km/h von der Kleinbahnaufsicht genehmigt worden. Der Kaufpreis betrug 41.000,- RM.

Der Triebwagen hatte folgende Farben:

Fahrgestell	schwarz
Kasten	rot/beige
Dach	grau

Ferner war vorgesehen, daß jeder der vorhandenen Personenwagen als Anhänger mitgeführt werden konnte. Nach Einsatz des Triebwagens verkehrte dieser bis zu 5 mal am Tag zwischen Werlte und Lathen. Für die Erhöhung der Geschwindigkeit auf 55 km/h wurde eine Sondergenehmigung von der RD Münster eingeholt. Eine Nachbesserung des Oberbaus war teilweise erforderlich. Die Versuchsfahrten für höhere Geschwindigkeiten des Triebwagens wurden im Jahr 1936 auf der Kleinbahn Osterode - Kreiensen (Spurweite 750 mm) durchgeführt.

In den Jahren von 1943 - ca. 1948 erfolgte eine Umstellung von Dieselkraftstoff auf Flüssiggas.

Die Hümmlinger Kreisbahn kaufte im Jahre 1942 von den Stadtwerken Münster (1.000 mm - Spur) einen Straßenbahn-Motorwagen. Dieser Wagen sollte in den eigenen Werkstätten zu einem Anhänger für den Triebwagen umgebaut werden. Nach wenigen Versuchsfahrten wurde der Anhäger jedoch abgestellt, da durch den engen Radstand zu starke Schlingerbewegungen auftraten.

Im Jahr 1955 erhielt der Triebwagen das Regel-Spitzensignal; entgegen der Erstausführung wurden im Laufe der Jahre einige kleine bauliche Veränderungen vorgenommen, so u.a. Wegfall der Dachkühler und Aufbau eines Dachgepäckträger

Nach Stillegung des schmalspurigen Betriebes wurde der Triebwagen im Jahr 1957 an die Klb. Osterode - Kreiensen verkauft und war dort noch einige Jahre in Betrieb.

Bei der Eröffnung des Betriebes standen zunächst zwei Personenwagen (Nr. 1 + 2) sowie ein kombinierter Gepäck- und Postwagen (Nr. 3) zur Verfügung. Diese Wagen reichten zunächst aus, zumal in den folgenden Betriebsjahren nur bis zu drei Zugpaare täglich verkehrten. Die Wagen wurden von der Wagenfabrik Buschmann und Holland in Linden bei Hannover zu einem Stückpreis von 4.700,- Mark geliefert.

Der 4-achsige kombinierte Gepäck- und Postwagen (pwPost4) hatte eine Länge von 8,0 m. In dem Gepäckabteil befanden sich ein Hundecoupé, eine Toilette und der Haspel für die Heberleinbremse.

Die beiden Personenwagen hatten offene Plattformen, es verfügte der Wagen Nr. 1 (BCi4) in der II. und III. Wagenklasse über insgesamt 30 Sitz- und 12 Stehplätze. Beim Wagen Nr. 2 (Ci4) hatte nur die III. Klasse Einrichtung. In den Wagen fehlten Toiletten, kleine Kohleöfen dienten in den Wintermonaten als Heizung, die Beleuchtung erfolgte durch im Oberlichtraum angebrachte Lampen. Die Wagen erhielten erst 1910 statt des Petroleumlichtes elektrische Beleuchtung, und es dauerte noch zwei Jahre, ehe statt der lästigen Kohleöfen eine Dampfheizung installiert wurde.

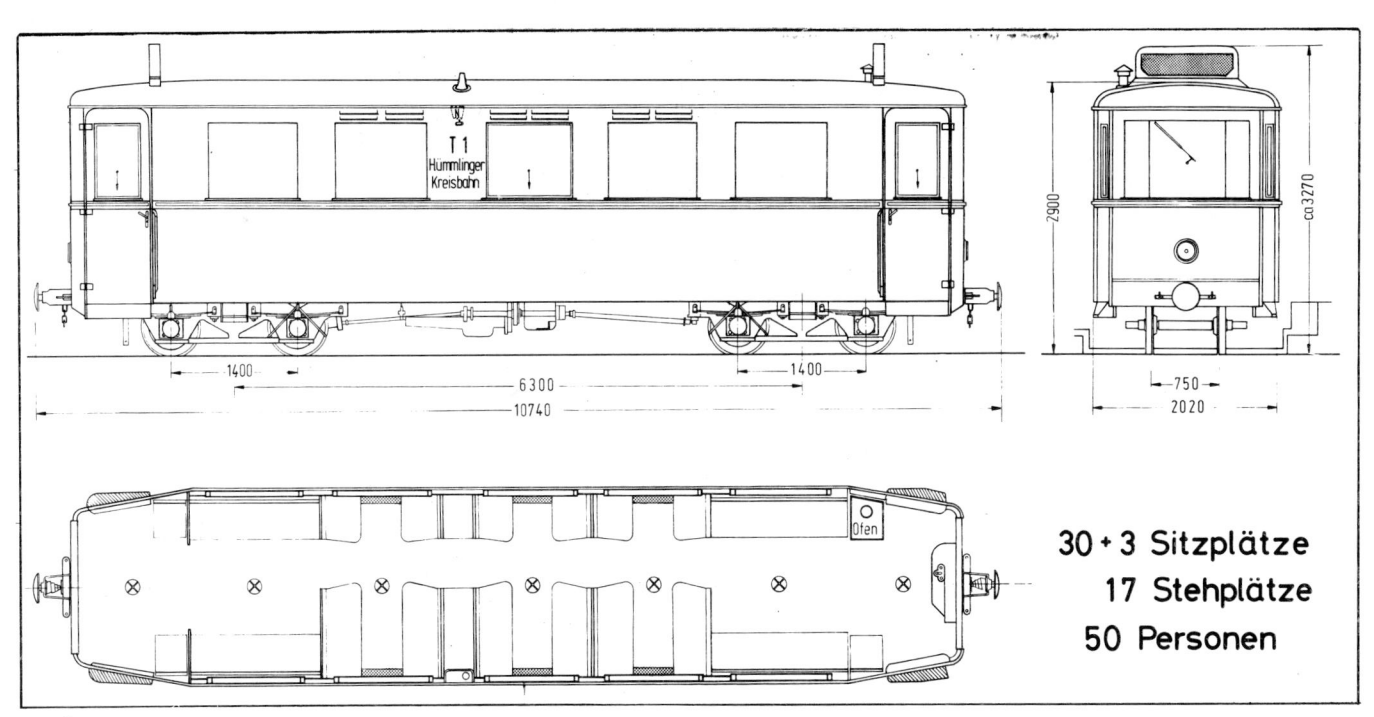

30 + 3 Sitzplätze
17 Stehplätze
50 Personen

75 Übersichtszeichnung des VT 1

76 VT 1 vor dem Lokomotivschuppen in Werlte

77 VT 1 in Waldhöfe

78 Das Fahrpersonal des VT 1 und der Lok „Hümmling" bei einer Kreuzung

Ein weiterer Personenwagen mit Gepäckabteil (CPw4) wurde im Jahr 1905 bei der Fa. Hanomag zu einem Preis von 7.300,- Mark bestellt und erhielt die Wagen-Nr. 3 A.

Zu Beginn der 20er Jahre benötigte die Kreisbahn wegen des ständig zunehmenden Personenverkehrs einen weiteren Personenwagen. Um Kosten zu sparen, behalf man sich dadurch, daß in den eigenen Werkstätten der Güterwagen Nr. 49 zu einem Personenwagen umgebaut wurde. Dieser Wagen hatte jedoch nur eine Plattform und am anderen Ende befand sich nur auf einer Wagenseite ein Einstieg. Die Inneneinrichtung bestand aus Längsbänken. Der Wagen erhielt danach die lfd. Wagen-Nr. 2".

Die erste Güterwagenlieferung bestand aus 10 offenen Güterwagen mit je 4 Achsen, die vom Bochumer Verein zu einem Preis von 900,- Mark bzw. 825,- Mark beschafft wurden. Bis zu Beginn des I. Weltkrieges sind weitere Güterwagen gekauft worden, darunter auch gedeckte Güterwagen sowie sechs Rungenwagen. Außerdem hatte man 1915 zum Transport des losen Kunstdüngers zehn Klappdeckelwagen angeschafft. Es würde zu weit führen, jegliche Lieferungen von Güterwagen hier aufzuzählen; die Bauart der offenen und gedeckten Wagen war nicht einheitlich. Der größte Teil der Güterwagen wurde vom Bochumer Verein geliefert. Einige Rungenwagen und Umbauten sind in der Werlter Reparaturwerkstatt gebaut worden.

In den 30er Jahren verfügte die Kreisbahn über einen Wagenpark von 72 Fahrzeugen, davon fünf Pack-/Personenwagen und 67 Güterwagen. Nach dem II. Weltkrieg erwarb die Kreisbahn 38 Güterwagen aus Restbeständen der ehem. Wehrmacht. So konnte ein großer Teil des alten Wagenparks ausrangiert und durch neue Wagen ergänzt werden, die auch teilweise in der eigenen Werkstatt umgebaut bzw. erneuert wurden. Einige Wagen erhielten die Betr.-Nrn. der ausrangierten bzw. verschrotteten Wagen, so daß in all den Betriebsjahren der Fahrzeugbestand zwischen 70 - 80 Wagen lag. Ein Teil des Neuzugangs erhielten die Wagen-Nrn. 73 - 84; darunter befand sich auch ein Behelfspackwagen, der die Wagen-Nr. 10 erhielt.

Personen-, Post- und Gepäckwagen

Betr.-Nr.	Gattung	Hersteller	Baujahr	Eigengewicht	Bemerkungen
1	Personen - Wagen	Buschbaum & Holland, Linden	1898	7,5 to	29 Sitzplätze
2	Personen - Wagen	Buschbaum & Holland, Linden	1898	7,5 to	vorzeitig verschrottet
3	Post- und Gep.Wg.	Buschbaum & Holland, Linden	1898	7,2 to	
3 A	Pers. und Gep.Wg.	Hann. Waggonfabrik	1898	9,3 to	Ankauf 1905
2 II	Personen - Wagen		1914	8,3 to	ex GG Nr. 49 Umbau 1920 30 Sitzplätze
10	Behelfspackwagen	Bochumer Verein			

79 Personenwagen Nr. 1

80 Der Personenzug ist in Lathen eingetroffen

Der Wagen Nr. 75, ein offener Güterwagen mit einem Bremserhaus, wurde als Verbindungswagen für den Rollwagenverkehr eingesetzt, zuletzt diente der GG-Wagen Nr. 41 ausschließlich als Stückgutwagen.

Alle Fahrzeuge besaßen Drehgestelle und hatten die bei Schmalspurbahnen übliche Mittelpufferkupplung mit einem Schraubengeschirr; nur diese Bauart ermöglichte ein einwandfreies Durchfahren in den engsten Gleiskrümmungen.

Zur Wiederbelebung des Fracht- und Personenverkehrs schlug die damalige Betriebsleitung dem Aufsichtsgremium verschiedene Maßnahmen vor, nach deren Durchführung sich der Erfolg durch Ausgleich von Einnahmen und Ausgaben einstellte. Zum anderen trug zur Belebung des Verkehrs auf der Kreisbahn natürlich auch die in den 30er Jahren beginnende Wirtschaftskonjunktur bei.

Da eine Umstellung der Bahn auf Normalspur aus Kostengründen nicht möglich war, beschloß man, einen Rollwagenverkehr auf der Kreisbahn einzuführen.

Ursache hierfür war der in den Jahren 1934/35 erheblich zugenommene Anbau von Speisekartoffeln, so daß der

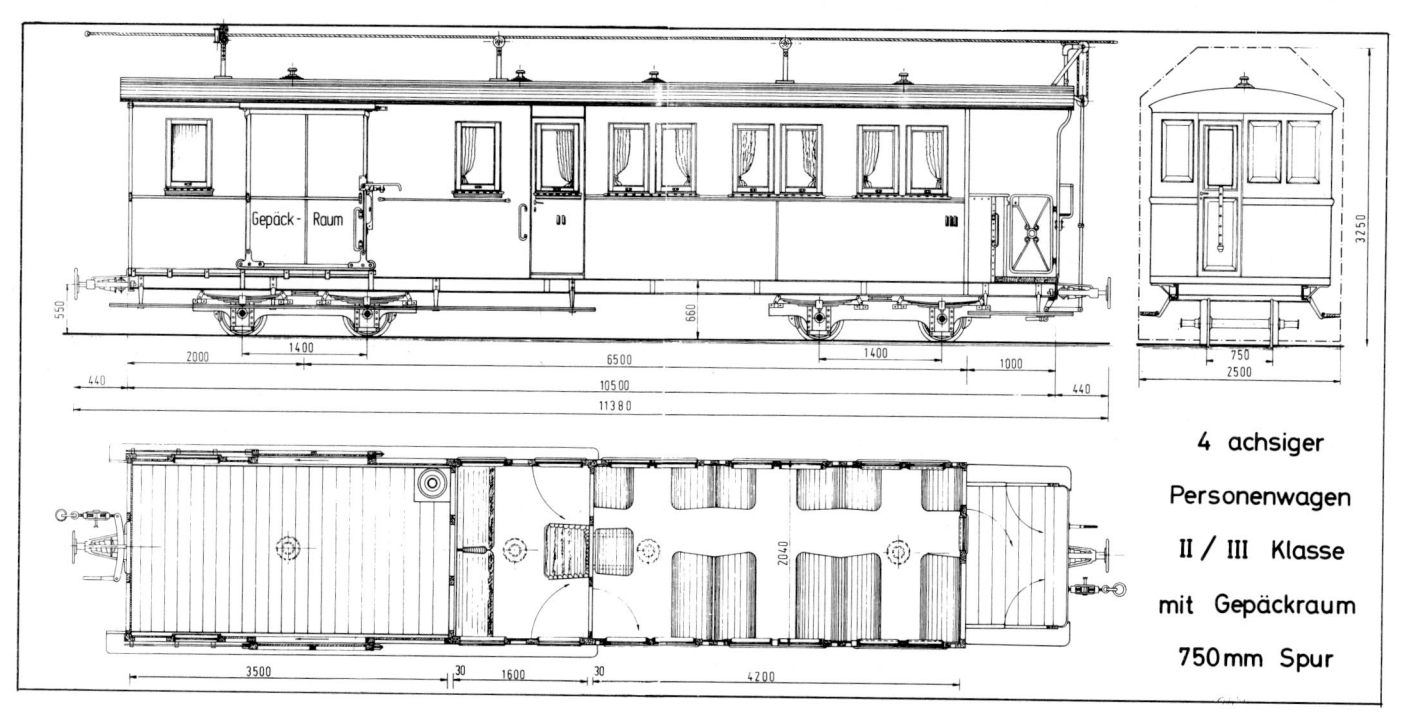

4 achsiger Personenwagen II / III Klasse mit Gepäckraum 750 mm Spur

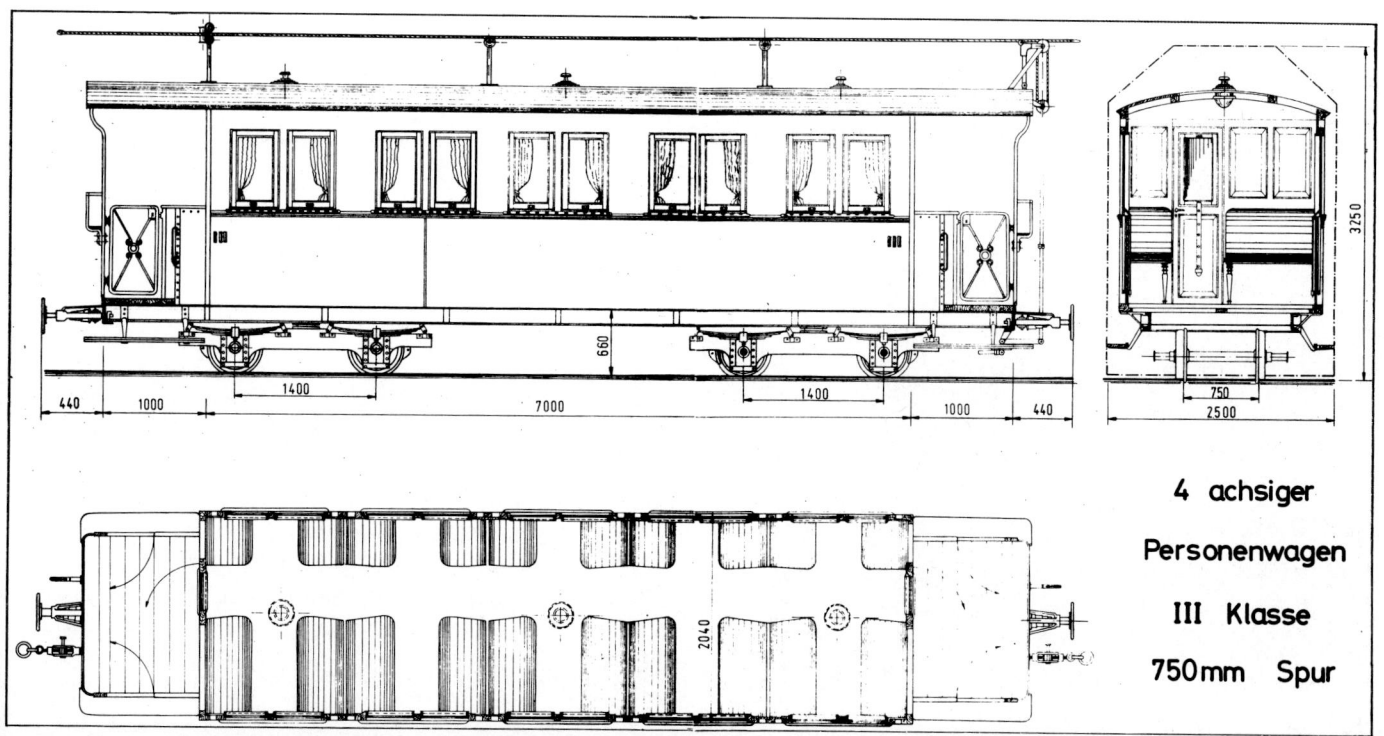

4 achsiger Personenwagen III Klasse 750 mm Spur

83 Personenwagen 3A + 2^{II} in Werlte

84 Bereisung der Hümmlinger Kreisbahn durch die DB-Tarifkommission im August 1951

Versand kaum bewältigt werden konnte. Außerdem würde sich durch den Wegfall der Umladung von Massengütern im Übergangsbahnhof Lathen die Umschlagsdauer verkürzen und damit letzten Endes auf den Versand günstiger auswirken. Das Umladen mit der Schaufel war zeitraubend, Verluste mußten hingenommen werden und dadurch entstand eine erhebliche Verteuerung der Güter.

So wurde in einem besonderen Vertrag am 14.8.1935 zwischen der Hümmlinger Kreisbahn und der Landwirtschaftlichen Bezugs- und Absatzgenossenschaft in Sögel der Abtransport von Speisekartoffeln geregelt.

WAGENPARKVERZEICHNIS

Wagen - Nr.	Bezeichnung	Baujahr	Eigengewicht	Tragfähigkeit
4.	Güterwagen, offen	1898	2.440 kg	7.000 kg
5.	Güterwagen, offen	1898	2.640 kg	7.000 kg
6.	Güterwagen, offen	1898	2.710 kg	6.300 kg
7.	Güterwagen, offen	1898	2.730 kg	7.000 kg
8.	Güterwagen, offen	1898	2.560 kg	7.000 kg
9.	Güterwagen, offen	1898	2.930 kg	7.000 kg
10.	Güterwagen, offen	1898	2.550 kg	7.000 kg
11.	Güterwagen, offen	1898	2.650 kg	7.000 kg
12.	Güterwagen, offen	1898	2.640 kg	7.000 kg
13.	Güterwagen, offen	1898	2.550 kg	7.000 kg
14.	Güterwagen, gedeckt	1898	3.390 kg	7.500 kg
15.	Güterwagen, gedeckt	1898	3.280 kg	7.500 kg
16.	Güterwagen, gedeckt	1902	2.950 kg	6.300 kg
17.	Güterwagen, gedeckt	1902	2.990 kg	6.300 kg
18.	Güterwagen, gedeckt	1902	2.970 kg	6.300 kg
19.	Rungenwagen	1904	2.800 kg	6.300 kg
20.	Rungenwagen	1904	2.830 kg	6.300 kg
21.	Güterwagen, gedeckt	1904	2.650 kg	7.000 kg
22.	Güterwagen, gedeckt	1904	2.920 kg	7.000 kg
23.	Güterwagen, gedeckt	1904	3.080 kg	7.000 kg
24.	Güterwagen, gedeckt	1904	2.870 kg	6.300 kg
25.	Rungenwagen	1906	2.775 kg	7.000 kg
26.	Güterwagen, gedeckt	1906	3.120 kg	6.300 kg
27.	Güterwagen, gedeckt	1906	3.120 kg	7.000 kg
28.	Güterwagen, gedeckt	1906	3.570 kg	7.500 kg
29.	Güterwagen, offen	1906	2.750 kg	7.000 kg
30.	Güterwagen, offen	1906	2.980 kg	6.300 kg
31.	Güterwagen, offen	1906	2.500 kg	7.000 kg

Wagen - Nr.	Bezeichnung	Baujahr	Eigengewicht	Tragfähigkeit
32.	Güterwagen, offen	1906	3.100 kg	7.000 kg
33.	Rungenwagen	1914	2.660 kg	7.000 kg
34.	Rungenwagen	1907	3.220 kg	7.000 kg
35.	Rungenwagen	1907	2.980 kg	7.000 kg
36.	Güterwagen, offen	1912	2.980 kg	7.000 kg
37.	Güterwagen, offen	1910	2.530 kg	7.000 kg
38.	Güterwagen, offen	1910	2.540 kg	7.000 kg
39.	Güterwagen, gedeckt	1911	3.220 kg	7.500 kg
40.	Güterwagen, gedeckt	1912	3.480 kg	6.300 kg
41.	Güterwagen, gedeckt	1912	2.970 kg	7.500 kg
42.	Güterwagen, gedeckt	1912	3.095 kg	7.500 kg
43.	Güterwagen, gedeckt	1913	3.070 kg	7.500 kg
44.	Güterwagen, gedeckt	1913	2.960 kg	7.500 kg
45.	Güterwagen, gedeckt	1914	3.050 kg	7.500 kg
46.	Güterwagen, gedeckt	1914	6.080 kg	13.125 kg
47.	Güterwagen, gedeckt	1914	5.730 kg	13.125 kg
48.	Güterwagen, gedeckt	1914	6.430 kg	13.125 kg
49.	Klappdeckelwagen	1915	6.190 kg	13.125 kg
50.	Klappdeckelwagen	1915	6.330 kg	13.125 kg
51.	Klappdeckelwagen	1915	6.340 kg	13.125 kg
52.	Klappdeckelwagen	1915	6.250 kg	13.125 kg
53.	Klappdeckelwagen	1915	6.270 kg	13.125 kg
54.	Klappdeckelwagen	1915	6.850 kg	13.125 kg
55.	Klappdeckelwagen	1915	6.650 kg	13.125 kg
56.	Klappdeckelwagen	1915	6.500 kg	13.125 kg
57.	Klappdeckelwagen	1915	6.510 kg	13.125 kg
58.	Klappdeckelwagen	1915	6.610 kg	13.125 kg
59.	Güterwagen, offen	1915	5.170 kg	13.125 kg
60.	Güterwagen, offen	1915	5.170 kg	13.125 kg

Wagen - Nr.	Bezeichnung	Baujahr	Eigengewicht	Tragfähigkeit
61.	Güterwagen, offen	1915	5.190 kg	13.125 kg
62.	Güterwagen, offen	1915	5.665 kg	13.125 kg
63.	Güterwagen, offen	1915	5.610 kg	13.125 kg
64.	Güterwagen, offen	1915	5.640 kg	13.125 kg
65.	Güterwagen, offen	1915	5.450 kg	13.125 kg
66.	Güterwagen, offen	1914	5.410 kg	13.125 kg
67.	Güterwagen, offen	1914	5.166 kg	13.125 kg
68.	Güterwagen, offen	1914	5.166 kg	13.125 kg
69.	Güterwagen, offen	1910	5.530 kg	13.125 kg
70.	Güterwagen, offen	1915	5.340 kg	13.125 kg
71.	Güterwagen, offen			
72.	Güterwagen, offen			
73.	Güterwagen, offen			
74.	Güterwagen, offen			
75.	Güterwagen, offen			
76.	Güterwagen, offen			
77.	Güterwagen, offen			
78.	Güterwagen, offen			
79.	Güterwagen, offen			
80.	Güterwagen, offen			
81.	Güterwagen, offen			
82.	Güterwagen, offen			

Zugang aus ehem. Heeresbeständen in den Jahren 1947 / 48

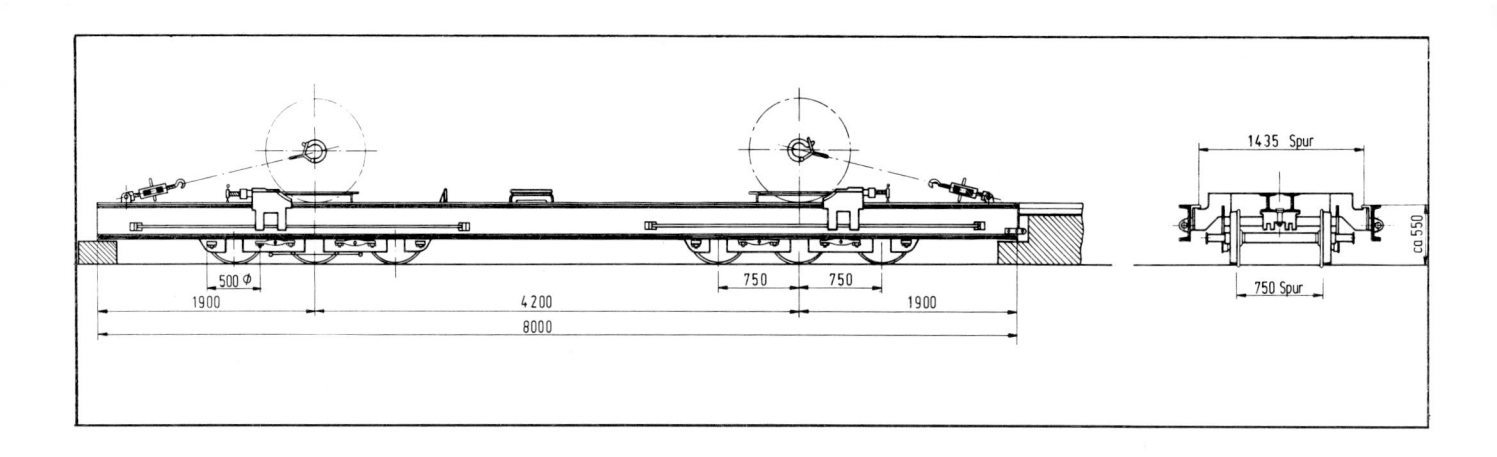

86 Rollwagen, im Hintergrund Lok „Hümmling"

87 Güterwagen 15

88 Güterwagen 47

89 Güterwagen 38 + 67

90 Güterwagen 91

Zunächst wurden am 19.11.1935 von der Fa. O & K zwei Rollwagen geliefert und nach Erprobung die Genehmigung eines Rollwagenverkehrs durch den Kleinbahnbevollmächtigten für Bahnaufsicht in Münster erteilt. Kurz danach sind vier weitere Rollwagen von der gleichen Firma gebaut, mit dem erforderlichen Zubehör wie Kuppelstangen etc. angeliefert und mit gutem Erfolg eingesetzt worden. Die Rollwagen bestanden aus schweren Lastträgern aus Doppel-T-Eisen, auf dem in Normalspurabstand Schienen montiert waren. Das Dienstgewicht betrug 6,5 t, die Tragfähigkeit 32 t. Zwei Rollwagen waren mit einer Handspindelbremse ausgerüstet. Die Konstruktion wurde von je zwei dreiachsigen Drehgestellen getragen, die kurvengängig waren. Die mittlere Achse jedes Drehgestells war zudem querbeweglich. Die 6-achsige Konstruktion des Drehgestells wurde deshalb erforderlich, um unterhalb des für den Bahnoberbau zulässigen Raddrucks zu bleiben. Der Oberbau mußte zum Teil verstärkt und einige Kurven mit einem größeren Krümmungsradius versehen werden.

Die Abmessungen der Rollwagen lauteten:

Länge	8000 mm
Drehzapfenabstand	4200 mm
Achsstand im Drehgestell	750/750 mm
Rad ⌀	500 mm
Breite	1.720 mm

Die Rollwagen verkehrten auf der gesamten Strecke zwischen Lathen und Werlte. Ab 1936 hat man auf den Stationen Werlte, Waldhöfe, Sögel und Wahn kurze Normalspurgleise angelegt, auf denen die Güterwagen der damaligen Reichsbahn zum Be- und Entladen abgestellt werden konnten. Auf dem Bhf. Lathen wurde eine Rollwagengrube eingerichtet und eine für den Rollwagenverkehr notwendige Umlegung der Gleisanlagen vorgenommen.

Das Kupplungszubehör war so konstruiert, daß die Güterzüge bzw. GmP generell aus Rollwagen und Kleinbahnwagen zusammengestellt werden konnten. Die Höchstgeschwindigkeit der Züge betrug max. 25 km/h.

In den letzten Jahren vor der Umspurung diente der Güterwagen Nr. 75 als Bremswagen.

Als zu Beginn der 50er Jahre in und um Ostenwalde Erdöl gefunden wurde, benötigte man auch die Rollwagen zum Transport der Kesselwagen und legte in Ostenwalde ebenfalls Abstellgleise an.

Bei der Bedienung der Gleisanschlüsse mußte die Lok abspannen und die normalspurigen Güterwagen mittels eines Drahtseils von dem Rollwagen auf die normalspurigen

91 PwPost⁴ Nr. 10 am 13.7.1956 in Werlte

92 GG Wagen Nr. 29 in Werlte

Abstellgleise ziehen. Das Aufladen der Güterwagen erfolgte in gleicher Weise.

Bei der Einstellung des schmalspurigen Betriebes im Jahre 1957 wurden die sechs Rollwagen an die Zillertaler Verkehrsbetriebe in Österreich verkauft und sind dort heute noch im Einsatz. Alle anderen Personen- und Güterwagen hat man nach der Stillegung verschrottet.

93 Auf der Abschiedsfahrt: Eine Flasche mit „Schluck" versperrt die Weiterfahrt in Lathen

Betriebsanlagen

Die Betriebsanlagen der schmalspurigen Kleinbahn waren den gestellten Aufgaben entsprechend einfach ausgeführt. In technischer Beziehung gab es keinerlei große Schwierigkeiten. Der Untergrund des Gleiskörpers bestand überwiegend aus Heidesand, nur an einigen Stellen gab es moorigen Boden; einige kleine Brücken bis zu einer lichten Weite von 4,90 m waren zu erstellen.

Für den Oberbau wurden auf der Gesamtstrecke Schienenprofile mit einem Gewicht von 17,3 kg/m verlegt. Die 9 m langen Schienen befestigte man auf 11 Kieferschwellen mittels Unterlegsplatten und Nägel. Das Bahnplanum hatte in den Auf- und Abträgen eine Kronenbreite von 3,4 m. Als Bettungsmaterial ist beim Oberbau nur feiner Sand verwendet worden; um ein Verwehen zu verhindern, wurde dieser mit einer dünnen Schicht aus einem Kies-Lehm-Gemisch bedeckt. Der kleinste Krümmungshalbmesser betrug 70 m, die stärkste Neigung lag zwischen Wahn und Sögel bei 1 : 80. Auf der Gesamtstrecke wurden zunächst 25 Weichen mit einer Neigung von 1 : 7 / Radius 67 m eingebaut.

Besondere Probleme traten beim Ausbau des Anschlußgleises vom Klb.-Bahnhof in Lathen zum Emshafen auf. Die Gleiskreuzung, die auf Verlangen der Staatsbahn-Verwaltung zwischen Endweiche und Bahnhofsabschlußsignal angeordnet wurde, erfolgte in einer horizontalen und geraden Strecke unter einem Winkel von 62 Grad. Die Kreuzung, ohne Einschneidung der Regelspurschienen, wurde durch Flügelsignale und Schutzweichen gesichert und vom Stellwerk bedient.

In der Dienstanweisung vom 1.4.1939 für das Befahren der Bahnkreuzung wird u.a. ausgeführt:

„Das nach dem Emshafen bei Lathen führende Gleis der Hümmlinger Kreisbahn (Kleinbahn) kreuzt am Nordende des Bahnhofs Lathen die Hauptgleise der Reichsbahnstrecke Lathen - Kluse in Schienenhöhe. Die Kreuzung ist gegen die freie Strecke der Kleinbahn durch ein einflügeliges Einfahrsignal X und gegen den Kleinbahn-Bahnhof Lathen durch ein einflügeliges Ausfahrsignal Y gedeckt. Beide Signale stehen mit dem zweiflügeligen Einfahrsignal H 1 (Einfahrt von Kluse), mit dem einflügeligen Ausfahrsignal E und mit dem zweiflügeligen Ausfahrsignal F 2 (Ausfahrt nach Kluse) der Reichsbahn in derartiger mechanischer Abhängigkeit, daß immer nur für eine die Kreuzungsstelle berührende Fahrt Fahrsignal gegeben werden kann. Sämtliche vorbezeichneten Signale werden vom Stellwerk Ln bedient; liegen unter Blockverschluß des Reichsbahnbahnhofs Lathen und können nur vom Fahrdienstleiter des Reichsbahnhofes freigegeben werden."

Abschrift!

D i e n s t a n w e i s u n g
für
das Befahren der Bahnkreuzung am Nordende des
Bahnhofs Lathen durch Züge der Hümmlinger Kreisbah

1. **Beschreibung der Gleis- und Sicherungsanlagen.**

Das nach dem Emshafen bei Lathen führende Gleis der Hümmlinger Kreisbahn (Kleinbahn) kreuzt am Nordende des Bahnhofs Lathen die Hauptgleise der Reichsbahnstrecke Lathen - Kluse in Schienenhöhe. Die Kreuzung ist gegen die freie Strecke der Kleinbahn durch ein einflügeliges Einfahrsignal X und gegen den Kleinbahn-Bahnhof Lathen durch ein einflügeliges Ausfahrsignal Y gedeckt. Beide Signale stehen mit dem zweiflügeligen Einfahrsignal H 1 (Einfahrt von Kluse) mit dem einflügeligen Ausfahrsignal E und mit dem zweiflügeligen Ausfahrsignal F 2 (Ausfahrt nach Kluse) der Reichsbahn in derartiger mechanischer Abhängigkeit, daß immer nur für eine die Kreuzungsstelle berührende Fahrt Fahrsignal gegeben werden kann.
Sämtliche vorbezeichneten Signale werden vom Stellwerk Ln bedient; liegen unter Blockverschluss des Reichsbahnhofes Lathen und können nur vom Fahrdienstleiter des Reichsbahnhofes freigegeben werden.

2. **Leitung des Betriebsdienstes.**

Die Leitung des Betriebsdienstes bezüglich der Hafenfahrten obliegt dem Fahrdienstleiter des Reichsbahnhofes Lathen. Die Hafenzüge verkehren nur nach Bedarf.
Wenn ein Hafenzug abgelassen werden soll, teilt der zuständige Beamte des Kleinbahnhofs Lathen dies dem Fahrdienstleiter der Reichsbahn rechtzeitig mit.
Steht der beabsichtigten Fahrt kein Hindernis entgegen, verständigt der Fahrdienstleiter das Stellwerk Ln und gibt das Signal für den Hafenzug durch Blockbedienung frei. Es ist verboten, einen Hafenzug abzulassen, wenn ein Reichsbahnzug von Haren oder Kluse unterwegs ist.

3. Sämtliche Kleinbahnzüge nach dem Hafen haben vor dem Ausfahrsignal Y und die Züge von dem Hafen vor dem Einfahrsignal X zunächst zu halten.
Der Wärter vom Stellwerk Ln darf das Signal daher

für die Kleinbahnzüge erst auf Fahrt stellen, na[ch]dem er sich davon überzeugt hat, dass diese vor d[em] Signal zum Halten gekommen sind, und für die Fahr[t] kein Hinderniss besteht.

4. Die Kleinbahnzüge haben die Kreuzungsstelle mit Vorsicht zu befahren. Leere Wagen sind in den Kle[in]bahnzügen stets am Schluss zu befördern.
Die Lokomotivführer der Kleinbahnzüge haben die Hauptsignale genau zu beachten.

5. **Aufsicht über die Kreuzungsstelle.**
Der Reichsbahnhof Lathen führt die Betriebsau[f]sicht über die Kreuzungsstelle.
Die Reichsbahnbahnmeisterei Lathen führt die [ ] bautechnische Aufsicht über die Kreuzungsstelle einschl. 50 m des Kleinbahngleises zu beiden Seit[en] der Reichsbahn.

6. **Verteilungsplan.**

Reichsbahndirektion	4 Stück	
Bahnhof Lathen	4 Stück	
Bahnmeisterei Lathen	2 "	
Kleinbahnverwaltung	6 "	
Ba Rheine	14 "	(11 Reserve)
Zus.	30 Stück	

Rheine, den 1.4.39.
Deutsche Reichsbahn
Reichsbahnbetriebsamt

gez. I.V. Dittmer

Die Richtigkeit der
Abschrift bestätigt:
Bf. Lathen 7/6.47
Pier

Loks und Wagen „rumpelten" dann nach Freigabe durch die Flügelsignale über die nicht eingeschnittenen Regelspurschienen.

Der weitere Streckenverlauf der Kleinbahn in östlicher Richtung sah dann wie folgt aus:

Gegenüber dem in Nord-Süd-Richtung liegenden Staatsbahnhof befanden sich die Gleise der Hümmlinger Kreisbahn und verliefen hier in einem Bogen auf der Landstraße in fast östlicher Richtung nach Sögel zunächst bis hinter den Ort Rupennest (3,2 km). Die neben der Landstraße verlegten Gleise führten dann etwas abseits der Straße bis nach Wahn (7 km), zweigten dort auf eigenem Bahnkörper ab und führten durch das Moor- und Heidegelände bis zum Ort Sögel (15 km). Von Sögel aus verlief die Strecke wieder auf eigenem Bahnkörper, folgend der Landstraße über Waldhöfe (17,3 km), Ostenwalde (19,5 km) nach Werlte (26 km). Der Streckenverlauf sah so aus, daß auf der Landstraße (= 14.220 m) und auf eigenem Bahnkörper (= 13.640 m) Gleise verlegt worden sind. Die Gesamtstreckenlänge zwischen Emshafen/Lathen und Werlte betrug somit 27.860 m, davon entfielen rd. 1.860 m auf das Anschlußgleis Lathen zum Emshafen.

Das Streckennetz wurde nach der Eröffnung des Bahnbetriebes den jeweiligen Verhältnissen nach weiter ausgebaut, so z.B. durch Schaffung von Abstellgleisen und Ladegleisen. Die Anzahl der Weichen betrug z.B. im Jahr 1936 = 35 Stück und im Jahr 1937 waren es schon 47 Weichen. In den letzten Jahren vor der Stillegung umfaßte das Gleisnetz ca. 30,7 km.

Bei der Betriebseröffnung waren außer dem Anschlußbahnhof in Lathen und dem Endbahnhof in Werlte fünf Zwischenbahnhöfe für den Personen- und Güterverkehr eingerichtet worden. Die Bahnhöfe zwischen Sögel und Werlte sind in fast gleichen Abständen angelegt worden, da zu Beginn des Bahnbaus noch keine intensive Besiedlung des Ödlandes stattgefunden hatte.

Im Bahnhofsgebäude Werlte befanden sich die Abfertigungsräume für den Stationsdienst und die Räume der Betriebsleitung. An den anderen Stationen lagen Gasthöfe, deren Inhaber als Bahnagenten fungierten. Eigene Bahnhöfe waren in Sögel (Ortsmitte) und in Wahn. Der Bahnhof Sögel wurde durch Kriegsereignisse total zerstört. Nach dem II. Weltkrieg errichtete man dort an seiner Stelle eine kleine Baracke als Behelfsbahnhof mit einem alten Güterwagen-Aufbau. Bedarfshaltestellen gab es später in Hohenheide (zwischen Wahn und Sögel) sowie ca. 1,5 km östlich von Ostenwalde.

Güterschuppen hatten Ostenwalde, Sögel, Wahn und Lathen. In Werlte befand sich ein zweiständiger Lokschuppen, verbunden mit einer Reparaturwerkstatt und einem Lager für Betriebs- und Baustoffe. In Lathen und Werlte gab es jeweils einen 4,5 m tiefen Brunnen zur Speisung der Lokomotiven. Lathen besaß einen kleinen Lokschuppen mit einem Raum für das Zugpersonal. In unmittelbarer Nähe befand sich das Hotel Bruns mit einer Bahnagentur; somit standen zur Betriebseröffnung genügend und geeignete Räume für die Reisenden (Wartesaal und Fahrkartenverkauf) und für Stückgut zur Verfügung.

Zur Verladung der schweren Güter oder des Viehs war das Schmalspurgleis in Lathen bis auf 3 m an das Normalspurgleis herangeführt worden. Das Schmalspurgleis lag auch 40 cm höher, so daß die Wagenböden in gleicher Höhe lagen.

Für den Umschlag der Güter - wie Kohlen und Holz - im Hafen wurde ein kleiner Dampfkran von der Fa. Merck & Hambrock aus Hamburg gekauft. Bei einer Ausladung von 8,6 m betrug die Tragfähigkeit 1,2 t.

Eine der Kuriositäten der Hümmlinger Kreisbahn war, daß beim Bau der Bahn in den Jahren 1897/98 die Strecke zwischen Rupennest und Wahn quer über den Schießplatz Meppen geführt wurde.

Obwohl die Fa. Krupp bereits im Jahre 1876 einen Schießplatz in Meppen angelegt hatte, war es der Schießplatzverwaltung nicht gelungen, den Bahnbau zu verhindern. Die Strecke schnitt die Schußlinie der Geschütze bei 16,5 km bei einer Breite von 6 km. Außer den besonderen Schießübungen vor dem Kaiser ist zu damaliger Zeit noch nie auf so große Entfernungen geschossen worden und somit ließ sich ein begründeter Einspruch gegenüber dem Bahnprojekt nicht erheben. Als die Reichweiten der Geschütze immer größer wurden, setzte sich die Fa. Krupp mit den Behörden in Verbindung, um das Überschießen der Bahn zu ermöglichen. Geeignete Lösungen boten sich nicht an, die Fa. Krupp suchte andere geeignete Orte zur Errichtung eines neuen Schießplatzes. Alle besichtigten Plätze kamen jedoch nicht in Betracht, und es gab damals keinen Platz mehr, der bei genügender Breite auf einer Strecke von 20 km und mehr keine großen Landstraßen, Eisenbahnlinien etc. oder das Schießen störende Boden- oder Bebauungsverhältnisse aufwies. Zwischen der Hümmlinger Kreisbahn und dem Schießplatz wurde ein Sonderabkommen geschlossen und man einigte sich zunächst dahingehend, das Überschießen der Bahn zwischen Rupennest und Wahn zunächst an 12 Tagen im Jahr zu gewissen Zeiten und unter voller Verantwortung des Schießplatzes zu gestatten; falls Schießerprobungen stattfanden, erhielt die Betriebsleitung lediglich telefonische Mitteilung.

In den Jahren 1937/38 wurde der Krupp'sche Schießplatz vergrößert, da die Geschütze immer größere Weiten erzielten. Auf Veranlassung der Dienststellen der ehem.

Wehrmacht wurde beschlossen, das gesamte Dorf Wahn mit seinen über 1.000 Einwohnern umzusiedeln. Diese Maßnahme war 1942 beendet, der Bahnhof ist geschlossen worden.

Erneut wurden damals mit dem Krupp'schen Schießplatz Verträge abgeschlossen, in denen die Bewirtschaftung der Felder an 75 Tagen im Jahr nicht möglich war. Die Hümmlinger Kreisbahn hat während der Betriebsaufnahme bis zum Kriegsende den Schießplatz queren müssen; nennenswerte Beschädigungen des Bahnkörpers durch Granateinschläge sind nicht eingetreten.

Betriebsführung

Schon vor Erteilung der Genehmigungsurkunde durch den Regierungspräsidenten in Osnabrück zum Bau einer schmalspurigen Kleinbahn erließ der Kreistag am 31.10.1896 Bestimmungen über die Verwaltung der Hümmlinger Kreisbahn. Danach wurde der Kreis als Unternehmer der Kleinbahn durch die Kreis-Eisenbahn-Kommission vertreten, in die außer dem Landrat drei weitere Mitglieder des Kreistags gewählt wurden. Der Landrat vertrat die Kommission nach außen, verhandelte mit Behörden und Privatpersonen. Aufsichtsbehörde für die Hümmlinger Kreisbahn war der Regierungspräsident in Osnabrück, die technische Aufsicht oblag der Eisenbahndirektion in Münster.

Die Leitung des Betriebes wurde einem Bahnverwalter übertragen, der auch Beamter des Krs. Hümmling war. Er hatte die Beschlüsse der Eisenbahn-Kommission auszuführen, war auch dem Kreis und der Aufsichtsbehörde persönlich verantwortlich und haftete dafür, daß der Bahnbetrieb, die Verwaltung und die Erhaltung der Bahn nach Maßgabe der gesetzlichen Bestimmungen geführt wurden; hierzu ist erwähnenswert eine der damaligen Vorschriften:

„Der Bahnverwalter hat den Jahresbetrag seiner Dienstbezüge als Dienstkaution zu bestellen."

Ebenfalls am 31.10.1896 erließ der Kreistag weitere Vorschriften über die Anstellung und Entlassung der Beamten bei der Hümmlinger Kreisbahn. Danach sollte der anzustellende Beamte „nicht älter als 40 Jahre sein, körperlich gesund und rüstig sein, sich sittlich tadellos geführt haben, ...". Als Dienstvergehen galt auch *„die Verletzung der allgemeinen Pflichten, denen zufolge der Beamte sich durch sein Verhalten in und außer dem Amte für seinen Beruf unentbehrlichen Achtung würdig beweisen und alles vermeiden muß, was sein Ansehen und Vertrauen zu erschüttern vermag".*

Krupp'scher Schießplatz. In nächster Woche wird geschossen.
Meppen, den 19. März 1895.
Der Vorstand des Schießplatzes.
Bergmann.

94 Insertion Krupp

Von der Eröffnung der Bahn bis zum Zeitpunkt der Umspurung im Jahre 1957 waren folgende Bahnverwalter bzw. Betriebsführer bei der Hümmlinger Kreisbahn tätig:

von 1898 - 1920	Herr Gerbrand
von 1920 - 1933	Herr Röpke
von 1933 - 1936	Herr Helming
von 1936 - 1945	Herr Wiegand
von 1945 - 1953	Herr Lebrun
von 1954 - 1968	Herr Wiegand.

Der Regierungspräsident in Osnabrück erließ am 3.12.1898 eine Polizeiverordnung, in der den „Eisenbahnreisenden und dem sonstigen Publikum" Verhaltensregeln über Benutzen und Betreten der Bahnanlagen etc. gegeben wurden.

Vor der Inbetriebnahme der Kleinbahn beschloß die Eisenbahnkommission, neben dem Preuß. Kleinbahngesetz vom 28.7.1892 eigene Bestimmungen und spezielle Dienstanweisungen zu erlassen. Für den Betrieb der Bahn wurden am 24.5.1898 folgende Dienstanweisungen gegeben:

1. Bahnordnung für die Hümmlinger Kreisbahn
2. Betriebsordnung nebst Tarifen
3. Dienstanweisung für Lokomotivführer und Heizer
4. Dienstanweisungen für Bahnagenten in Form von Verträgen
5. Signalordnung
6. Anweisung für Rechnungs- und Kassenwesen.

So hatte man in den Dienstanweisungen bestimmte Normen, z.B. über Gleisanlagen und Betriebsmittel, festgelegt. Die Spurweite sollte zwischen den Schienenköpfen 0,750 m, in Krümmungen darf die Spurerweiterung nicht mehr als 20 mm betragen. Die stärkste Längsneigung wurde mit 1 : 80 festgesetzt; der kleinste Krümmungshalbmesser sollte nicht weniger als 70 m betragen.

Der Zustand von Betriebsmitteln, Einrichtungen und Abnahmeprüfungen der Loks und Wagen usw. wurde in der

Bahnordnung einzeln niedergelegt. Die Geschwindigkeit von zunächst 20 km/h wurde gemäß Änd.-Erl. des RP Osnabrück vom 31.12.1907 auf 25 km/h festgesetzt. In der Betriebsordnung nebst Tarifen ist zu lesen, daß die Reisenden ihre Plätze so zu wählen haben, daß der Wagen auf den Längsseiten gleichmäßig belastet wird.

Erwähnenswert sind zwei weitere Vorschriften zur Abwicklung des Betriebes, und zwar:

Dienstvorschrift für die Benutzung von Rollwagen bei der Hümmlinger Kreisbahn vom 29.12.1936

Dienstanweisung für das Befahren der Bahnkreuzung am Nordende des Bhf. Lathen durch Züge der Hümmlinger Kreisbahn vom 1.4.1939.

Im Laufe des Bestehens der Bahn wurden die Dienstvorschriften ergänzt bzw. den Gegebenheiten angepaßt.

Um die Jahrhundertwende kostete z.B. für einen Erwachsenen eine Fahrkarte III. Kl. von Lathen nach Werlte oder umgekehrt 1,30 M. Nur zum Vergleich sei hier das monatliche Einkommen der Bahnbediensteten angeführt; so betrug z.B. das Entgelt

eines Bahnagenten	167,- M
eines Büroassistenten	75,- M
eines Bürogehilfen	50,- M
eines Lokführers	123,- M
eines Heizers	78,- M

Auf alle Bestimmungen näher einzugehen, würde zu weit führen; dies kann auch nicht Sinn und Zweck dieser kleinen geschichtlichen Betrachtung sein. Zum anderen soll hier aufgezeichnet werden, daß es auch für eine „kleine Eisenbahn" eine ungewöhnliche Vielzahl von Reglementierungen gab.

Die Betriebsleitung befand sich in Werlte. Weisungen erhielt sie vom Vorsitzenden des Kreisausschusses.

Von 1937 - 1949 bildete die Hümmlinger Kreisbahn mit dem Bahnverband Cloppenburg bzw. der Cloppenburger Kreisbahn eine Verwaltungs- und Betriebsführungsunion mit Sitz in Werlte. Die Verwaltung der Cloppenburger Kreisbahn wurde ab 1.6.1949 wieder nach Cloppenburg zurückverlegt.

Die Postverwaltung bezahlte für die Beförderung der Postsachen die gesetzlich üblichen Kosten. Im Jahre 1932 wurde die Postbeförderung mit der Hümmlinger Kreisbahn eingestellt; die Kraftpost übernahm den Transport. Erst von 1940 - 1951 wurde die Post wieder mit der Kreisbahn befördert. Danach beschränkte sich die Benutzung der Hümmlinger Kreisbahn nur noch auf die Briefbeutelbeförderung durch Vermittlung des Eisenbahnzugpersonals; aber nach zwei Jahren wurde auch diese Beförderung wieder eingestellt.

Verkehrsleistung

Bei der Eröffnung des Kleinbahnbetriebes im Jahr 1898 verkehrten zunächst täglich drei Zugpaare auf der Strecke Lathen/Werlte sowie ein Zugpaar zwischen Lathen und Sögel. Im Lauf der Jahre wurde die Anzahl der Zugpaare den jeweiligen Gegebenheiten angepaßt und betrug - wie die Fahrpläne aus den 50er Jahren zeigen - bis zu sieben Zugpaaren. Hierin waren ab 1934 auch die Fahrten des Triebwagens enthalten; zuletzt bis zu fünf VT-Paare.

Die GmP benötigten für die Fahrt von Lathen nach Werlte etwa 90 Minuten. Durch Rangierfahrten auf den Bahnhöfen und Haltepunkten konnte die Fahrzeit auch überschritten werden. Der Triebwagen hingegen fuhr schneller, er benötigte für die 26 km lange Strecke nur ca. 60 Minuten.

Gem. der Betriebsordnung nebst Tarifen aus dem Jahr 1898 betrug der Fahrpreis für Reisende der III. Kl. von Lathen nach Werlte 1,30 Mark; für Kinder 0,70 Mark.

Ein komplettes Zahlenmaterial über die Transportleistungen der schmalspurigen Kleinbahn konnte nicht ermittelt werden, jedoch stellen die gefundenen Zahlen einen repräsentativen Querschnitt dar. Darüber hinaus spiegelt sich in den Ziffern die damalige wirtschaftliche Lage mit hohen Transportleistungen während und nach den beiden Weltkriegen; die niedrigen Zahlen veranschaulichen den Beginn der Wirtschaftskrise Anfang der 30er Jahre. Ab 1950 verzeichnete man wieder eine Zunahme des Individualverkehrs auf der Straße durch Lkw und Pkw.

Da das Verkehrsgebiet der Hümmlinger Kreisbahn rein landwirtschaftlich genutzt wurde, bestritten landwirtschaftliche Erzeugnisse und Bedarfsgüter auch den weitaus größten Anteil der Transporte. Aus der teilweise bei der Betriebsleitung vorliegenden Statistik ist zu entnehmen, daß die Verteilung der beförderten Güter auf Januar bis März durch eine erhöhte Anlieferung von Kunstdünger und im Monat Oktober durch den erheblichen Abtransport von Kartoffeln bestimmt war, während in den Sommermonaten die Gütermengen viel geringer waren. Wie aus der Tabelle über die prozentuelle Transportleistung zu entnehmen ist, lag der Anteil an Düngemitteln und Kartoffeln am Gesamtgüterverkehr besonders hoch.

Schon zu Beginn der 30er Jahre war festzustellen, daß insbesondere Baumaterial mit Lkw transportiert wurde, während die zu billigen Tarifen beförderten landwirtschaftlichen Massengüter der Bahn verblieben.

Auch der ab 1936 bei der Kreisbahn eingeführte Rollwagenverkehr hat mit zu einer Steigerung der Verkehrsleistung beigetragen. Kriegs- und Nachkriegsverhältnisse veränderten auch die Art der beförderten Güter; jedoch blieben Kunstdünger und Kartoffeln neben den in den 50er Jahren erfolgten Öltransporte die Haupttransportgüter.

Der Personenverkehr erreichte durch die beginnende Motorisierung in den 30er Jahren seinen Tiefstand. Die Einführung des Triebwagenverkehrs - verbunden mit einer höheren Reisegeschwindigkeit gegenüber den Dampfzügen - hatte dann wesentlich zur Steigerung der beförderten Personenzahl beigetragen.

Enorme Personenbeförderungen hatte die Kleinbahn immer an bestimmten Tagen bzw. Monaten eines Betriebsjahres zu erbringen. Neben den großen Markttagen war immer ein erheblicher Personenverkehr an Wallfahrtstagen zu verzeichnen: nicht nur die Bevölkerung des Hümmlings, sondern auch die aus dem Oldenburger Münsterland kamen per Bahn nach Sögel zum Wallfahrtsort Clemenswerth. An diesem Tag war sowohl bei der Hümmlinger als auch bei der Cloppenburger Kreisbahn Hochbetrieb.

Während des 50jährigen Bestehens der schmalspurigen Kleinbahn waren nennenswerte Unfälle nicht zu verzeichnen. Tragisch wirkten sich hier wie auch im Münsterland insbesondere die Kriegsereignisse des II. Weltkrieges aus. So wurde die Kleinbahn in den beiden letzten Kriegsjahren 1944/45 häufig durch Kriegseinwirkungen gestört. Aus den vorgefundenen Aufzeichnungen ist zu entnehmen, daß u.a. am 8.11.1944 ein schwerer Angriff alliierter Flugzeuge auf die Kleinbahn stattfand. Danach war morgens um 10 Uhr Vollalarm und um 12 Uhr Entwarnung gegeben worden. Kurz danach griffen sieben Jagdflugzeuge den gerade aus Werlte abfahrenden Zug an. Der Lokführer hatte zwar alle Fahrgäste aufgefordert Deckung zu suchen, jedoch konnte sich ein Teil der Fahrgäste nicht in Sicherheit bringen: zwei Personen wurden getötet und fünf Personen verletzt. Während dieser Zeit waren auch die anderen Stationen durch kriegerische Ereignisse betroffen.

Transportleistungen

Jahr	Personen	Güter (to)	Öl
1900	39.000	19.600	
1910	44.000	32.000	
1920	86.400	33.500	
1927	51.920	49.750	
1928	50.700	46.000	
1929	44.200	60.000	
1930	53.500	32.900	
1931	34.800	40.000	
1932	29.000	34.000	
1933	28.200	33.100	
1934	31.400	43.600	
1935	37.000	47.500	
1936	50.600	38.900	
1937	58.000	52.000	
1938	67.000	45.000	
1939	79.300	46.500	
1940	76.000	59.500	
1941	89.400	54.000	
1942	108.500	56.500	
1943	167.200	53.000	
1944	170.000	36.500	
1945	117.900	14.000	
1946	274.000	39.000	
1947	350.000	57.600	
1948	223.000	59.000	
1949	90.100	53.600	
1950	82.000	51.000	
1951	64.000	53.000	
1952	67.000	45.000	
1953	68.000	41.000	508
1954	79.000	38.000	1.412
1955	72.000	53.000	5.817
1956	73.000	54.900	25.000
1957	44.134		

95, 96 Eröffnung des Normalspurbetriebes am 18. November 1957 - Bürgermeister Plaggenborg, Werlte spricht. Die Weihe des Fahrzeugparks und der Strecke erfolgt durch den Dechanten des Dekanats Hümmling, H.H. Pfarrer Albers, Werlte

... und zum Schluß

Schon zu Lebzeiten ist der schmalspurigen Kleinbahn ein Denkmal gesetzt worden. Frau Dr. E. Schlicht führt in ihrer Geschichte über den Hümmlinger Pingel-Anton aus:

„Wer den Hümmling besuchen und sich der Eisenbahn bedienen will, muß in Lathen die Bundesbahn verlassen und den „Pingel-Anton" besteigen. Den „Weitgereisten" entringt sich beim Anblick der HK ein schicksalsergebener Seufzer, und manche Spottworte und abfällige Bemerkungen muß sie über sich ergehen lassen. Doch macht sie gute Miene zum bösen Spiel, kündigt mit schrillem Pfeifen den Nachzüglern ihre Abfahrt an, wartet geduldig noch einige Minuten auf die letzten, die sich nur schwer von der Theke der Gastwirtschaft Bruns trennen können und tritt mit hell und weithin klingendem Pingeln ihre Fahrt gegen Osten an.

Langsam, bedächtig rumpelnd, legt sie Kilometer nach Kilometer zurück und liefert ihre Fahrgäste wohlbehalten am Bestimmungsort ab. Dem aus der Ferne zurückkehrenden Hümmlinger aber bedeutet sie ein Stück Heimat und ihr pfeifen und pingeln sind ihm uralt vertraute Geräusche, die ihm das Empfinden geben, daß er nun wirklich wieder zu Hause angelangt ist."

In den Jahren des Bestehens der schmalspurigen Kreisbahn sind zweifellos auch einige lustige Begebenheiten zu verzeichnen. Einer Zeitungsnotiz aus dem Jahr 1899 ist zu entnehmen, „daß man sich nicht immer über die Geschwindigkeit des „Zügles" lustig machen sollte. Dies erfuhr ein Papenburger Ausflügler auf seinem Weg nach Sögel. Er meinte, neben dem Zug herlaufen und jederzeit einsteigen zu können. Der Wettlauf gelang auch zunächst, aber plötzlich hatte die Sache ein Ende. Auch auf unserem weltverlorenen Hümmling kennt man schon die Losung unserer Zeit „Mit Volldampf vorwärts" und unter mächtigem Pusten der Maschine gings mit beschleunigter Eile nach Wahn, so daß dem Wettläufer die Lust verging. Er blieb zurück und alles bitten seiner Genossen, eben von Wahn zurückzukehren und ihn abzuholen, scheiterten an dem schwer beleidigten Ehrgefühl des Siegers. Um eine gründliche Erfahrung bereichert, mußte nun dieser Ausflügler die Tour nach Sögel zu Fuß machen."

Die schmalspurige Kleinbahn hat in den fast 60 Jahren ihres Bestehens mit einem wesentlichen Beitrag für die wirtschaftliche Erschließung des Hümmlings beigetragen. Leider ist mit ihr ein Stück Romantik versunken, gehörte der schnaufende, prustende und bimmelnde „Pingel-Anton" mit zu den Eigenarten des Hümmlinger Landes.

97 Das neue Rollmaterial der Normalspurbahn, für die Eröffnung geschmückt.

Nachwort

Dieser Bericht erhebt nicht den Anspruch auf Vollständigkeit. Die in den Archiven vorgefundenen Unterlagen waren lückenhaft, z.T. wahrscheinlich auch in anderen Aktenvorgängen abgelegt worden oder verloren gegangen. Die mosaikartig zusammengetragenen Informationen, sei es aus Archiven, Zeitungsberichten oder anderen Veröffentlichungen konnte die geschichtliche Entwicklung der Hümmlinger Kreisbahn bis zur Umspurung im Jahre 1957 - von einigen kleinen Lücken angesehen - fast vollständig erfassen. Dieser Bericht soll nicht als Dokumentation im allgemeinen verstanden sein, sondern als eine Berichterstattung über die Verkehrsgeschichte der schmalspurigen Kleinbahn Lathen - Sörgel - Werlte.

Leider war eine Gesamtbilddarstellung der Kleinbahn nicht möglich. Trotz intensiver Suche konnten Bilder aus der Zeit um die Jahrhundertwende nicht mehr gefunden werden. Das erste Bildmaterial stammt aus den 20- und 30er Jahren. Zwangsläufig haben die Fotos nicht immer die Qualität der heutigen Aufnahmen, entscheidend war hier der Raritätswert.

Sollte der eine oder andere Leser weitere Unterlagen oder Bilder besitzen, würde ich mich freuen, wenn mir das Material kurz zur Einsichtnahme zur Verfügung gestellt werden könnte.

Quellennachweis

1. O&K Dampflokomotiven - Lieferverzeichnis 1892/1945
2. Lok-Magazin Nr. 29 - Kgl. Hann. Eisenbahn
3. Sammlerbriefe Nr. 141 und 142 - Die Hümmlinger Kreisbahn
4. Pingel-Anton, die Cloppenburger Kreisbahn - L. Riedel - Die Verkehrsgeschichte der schmalspurigen Kleinbahn Cloppenburg - Lastrup - Lindern - Landesgrenze (1979)
5. Handbuch der öfftl. Verkehrsbetriebe 1940
6. Handbuch der dtsch. Straba, Klein- und Priv.Eis. 1928
7. Mitgliedshandbuch VDNE 1954
8. Die Schmalspurbahn Nr. 9 - Böttcher
9. Statistik der dtsch. Kleinbahnen 1902 - Böttcher
10. Deutsche Kleinbahnstatistik 1928 - Böttcher
11. Die Hümmlinger Kreisbahn - D. Sprengell - 1898
12. Heimatbuch „Der Hümmling" - 1929
13. Die Geschichte des Hümmlings - Dr. A. Kohnen - 1950
14. Die geschichtliche und wirtschaftliche Entwicklung der Hümmlinger Kreisbahn - K. Lebrun
15. Der „Hümmlinger Pingel-Anton" (Heimatbuch) von Dr. E. Schlicht
16. Der Kruppsche Versuchsplatz Meppen 1877 - 1927
17. Ems-Zeitung von Okt. 1910, Mai 1912 sowie vom 9.4.53, 14.4.53, 18.12.53, 4.7.57, 6.7.57, 16.11.57 - Nr. 266, 17.9.60, 6.8.69, 8.9.79
18. Münsterländer Tageszeitung vom 20.1.1950
19. Osnabrücker Volkszeitung vom 5.6.1924
20. Haselünner Zeitung vom 23.3.1895
21. Nds. Staatsarchiv Onsabrück - Akten-Nr. Rep. 330 Hüm - VIII C 4, Rep. 335 - Nr. 13896, 13897, 15016, 15035 und Nr. 2500/231
22. Hümmlinger Kreisbahn, Werlte - Aktenunterlagen, Geschäftsberichte u.a.
23. Samtgemeinde Werlte - Aktenunterlagen
24. Landkreis Emsland, Papenburg - div. Unterlagen
25. Verschiedene Aufzeichnungen, Dipl.-Ing. G. Wolff
26. Emsländer Heimatbund, Meppen
27. Lieferverzeichnis der Firma Hohenzollern
28. Lieferverzeichnis der Firma Ducro + Brauns
29. Betriebsbuch der Lok „Münsterland" der Cloppenburger Kreisbahn

Hümmlinger Kreisbahn

Zug- und Triebwagenverkehr

Fahrplan gültig vom . Mai 1941 bis auf Widerruf

T 1	2	5	T 7	T 9		STATIONEN		T 3	4	6	T 8	T 10
6^{45}	7^{06}	13^{05}	16^{24}	21^{05}	ab	**Werlte**	an	10^{21}	12^{07}	17^{40}	20^{05}	23^{35}
6^{58}	7^{26}	13^{24}	16^{37}	21^{18}	„	Ostenwalde	ab	10^{08}	11^{47}	17^{17}	19^{52}	23^{22}
7^{04}	7^{34}	13^{32}	16^{42}	21^{24}	„	Waldhofe	ab	10^{01}	11^{39}	17^{09}	19^{45}	23^{15}
7^{12}	7^{43}	13^{41}	16^{51}	21^{32}	an	**Sögel**	ab	9^{53}	11^{20}	17^{00}	19^{37}	23^{07}
7^{14}	7^{55}	13^{58}	16^{53}	21^{34}	ab		an	9^{51}	11^{25}	16^{52}	19^{35}	23^{05}
7^{19}	8^{02}	14^{02}	16^{58}	21^{39}	„	Hohenheide Bedarfshaltestelle	ab	9^{46}	11^{15}	16^{42}	19^{30}	23^{00}
7^{29}	8^{18}	14^{18}	17^{08}	21^{49}	„	**Wahn**	ab	9^{36}	11^{03}	16^{30}	19^{20}	22^{50}
7^{38}	8^{30}	14^{30}	17^{18}	21^{58}	„	Rupennest Bedarfshaltestelle	ab	9^{27}	10^{52}	16^{14}	19^{12}	22^{42}
7^{45}	8^{43}	14^{43}	17^{25}	22^{05}	an	**Lathen**	ab	9^{20}	10^{40}	16^{07}	19^{05}	22^{35}

T = Triebwagenzug mit beschränkter Gepäck- und Fahrradbeförderung

---

Reichsbahnanschlüsse

(Eine Gewähr für Reichsbahnanschlüsse wird nicht übernommen)

in Richtung Rheine — aus Richtung Rheine

E 7^{57}	10^{31}		14^{53}	17^{30} E18^{47}	♦ 22^{27}	ab	Lathen	an	9^{13}		15^{54}	18^{03}	E 22^{16}
8.14	11.07		15.20	17.54 19.14	23.05	an	**Meppen**	ab	8.51		15.31	17.30	21.57
8.32	11.26		15.47	18.16 19.33	23.25	an	**Lingen**	ab	8.30		15.09	17.18	21.39
8.56	11.52		16.27	18.49 20.00	23.52	an	**Rheine**	ab	7.53		14.33	16.42	21.10
9.33	12.48		17.21	19.55 20.28	♦ 1.00	an	**Münster**	ab	6.58		13.15	15.50	20.27
14.36	*19.00		22.02	— 0.01	—	an	**Köln**	ab	21.57		—	10.51	—
9.52	13.03		17.33	22.15 20.53	1.54	an	**Osnabrück**	ab	6.43		12.25	15.34	20.08
12.30	15.05		22.15	1.54 1.54		an	**Hannover**	ab	3.08		7.00	12.25	17.48
16.49	20.19		3.14	7.15 7.15		an	**Berlin Fr.**	ab	21.48		—	8.13	13.27

♦ verkehrt nur auf besondere Anordnung

in Richtung Emden — aus Richtung Emden

	9^{13}		15^{54}	18^{03}	E 22^{16}	ab	Lathen	an	E 7^{57}	10^{31}		14^{53}	E 18^{47}	22^{27}
	9.30		16.19	18.28	22.33	an	**Aschendorf**	ab	7.40	10.05		14.23	18.37	♦ 21.01
	9.46		16.29	18.37	22.40	an	**Papenburg**	ab	7.33	9.58		14.15	18.29	21.54
	10.07		16.48	18.59	22.57	an	**Leer**	ab	7.13	9.35		13.50	18.12	21.34
	11.21		18.14	20.04	—	an	**Oldenburg**	ab	8.10	—		—	—	—
	14.29		19.36	23.05	—	an	**Bremen**	ab	6.43	—		—	—	19.25
	*10.52		17.33	19.43	23.24	an	**Emden Süd oder West**	ab	6.45	8.55		13.15	17.40	20.37
	12.14			20.51		an	**Norddeich**	ab		7.45			16.30	19.28

Druck: J. A. Imiecke, Werlte.

Fahrplan der Hümmlinger Kreisbahn

Gültig ab 23. Mai 1954

werktags					sonntags			Stationen	werktags					sonntags		
T 1	Gmp 3	T 7	Gmp 11	T 13	T 5	T 9	T 15		T 2	Gmp 4	T 8	Gmp 12	T 14	T 6	T 10	T 16
5^{20}	6^{40}	10^{16}	14^{10}	19^{40}	7^{20}	13^{30}	19^{40}	ab Werlte an	7^{55}	11^{25}	15^{15}	18^{42}	23^{20}	10^{50}	18^{00}	23^{20}
5^{34}	7^{01}	10^{30}	14^{31}	19^{54}	7^{34}	13^{44}	19^{54}	" Ostenwalde ab	7^{43}	11^{05}	15^{03}	18^{23}	23^{04}	10^{34}	17^{44}	23^{04}
5^{40}	7^{10}	10^{36}	14^{40}	20^{00}	7^{40}	13^{49}	20^{00}	" Waldhöfe "	7^{37}	10^{57}	14^{57}	18^{14}	22^{58}	10^{28}	17^{38}	22^{58}
5^{45}	7^{17}	10^{41}	14^{47}	20^{05}	7^{45}	13^{55}	20^{05}	an Sögel "	7^{31}	10^{48}	14^{48}	18^{05}	22^{52}	10^{22}	17^{32}	22^{52}
5^{50}	7^{30}	10^{46}	14^{57}	20^{10}	7^{48}	14^{00}	20^{10}	ab Sögel an	7^{29}	10^{44}	14^{45}	17^{58}	22^{50}	10^{20}	17^{30}	22^{50}
6^{16}	8^{08}	11^{12}	15^{35}	20^{35}	8^{13}	14^{27}	20^{35}	" Rupennest ab	7^{03}	10^{05}	14^{18}	17^{22}	22^{27}	9^{57}	17^{07}	22^{27}
6^{23}	8^{18}	11^{20}	15^{45}	20^{43}	8^{20}	14^{35}	20^{43}	an Lathen "	6^{55}	9^{52}	14^{10}	17^{10}	22^{20}	9^{50}	17^{00}	22^{20}
								Bundesbahnanschlüsse (ohne Gewähr)								
E6^{37}	8^{31}	11^{45}	E16^{50}	20^{55}	8^{31}	14^{50}	20^{55}	nach Rheine von	6^{40}	9^{07} E9^{44}	13^{54}	E16^{52}	22^{16}	9^{07} E9^{44}	E16^{52}	E22^{16}
6^{41}	9^{08} E9^{45}	13^{55}	E16^{53}	E22^{17}	9^{08} E9^{45}	E16^{53}	E22^{17}	nach Emden von	E6^{36}	8^{30}	11^{44}	E16^{49}	20^{54}	8^{30}	E16^{49}	20^{54}

Zeichenerklärung: T - Triebwagen (beschränkte Gepäckbeförderung), Gmp - Güterzug mit Personenbeförderung, E - Eilzug

KOM-Anschlüsse in Richtung Cloppenburg

Abfahrt von Werlte in Richtung Cloppenburg: werktags 6.30 11.35 16.30   sonntags 6.30 11.35 16.30
Ankunft in Werlte aus Richtung Cloppenburg: werktags 10.15 14.55 20.08   sonntags 10.15 15.30 20.08

KOM-Linie Vrees - Werlte
(verkehrt: dienstags, donnerstags und samstags)

9.50	16.00	0	ab Vrees an	11.48	17.03
10.02	16.08	4	Bockholte	11.38	16.53
10.10	16.20	8	an Werlte ab	11.30	16.45